L'ABBÉ P. FESCH

DE L'OUVRIER

ET

DU RESPECT

PARIS
H. WELTER, ÉDITEUR
59, RUE BONAPARTE, 59

M.D.CCC.LXXXVIII

DE L'OUVRIER

ET

DU RESPECT

L'ABBÉ P. FESCH

DE L'OUVRIER

ET

DU RESPECT

PARIS
H. WELTER, ÉDITEUR
59, RUE BONAPARTE, 59

M.D.CCC.LXXXVIII

A M. LE MARQUIS DE LICQUES

Directeur
du journal « le Nouvel Éclaireur de l'Oise »

I

D'un Sermon
métamorphosé en harangue de club.

Monsieur le Marquis,

Dans votre numéro du 26 février 1888, L'ASSURANCE DE MON RESPECT, je lis ce passage :

« Un jour, j'entendais un orateur, qui traitait du respect, développer cette théorie qu'il n'y a rien de plus respectable que l'ouvrier, et que l'on doit se découvrir devant lui.

« Partant de ce principe, il disait que l'ouvrier, a droit d'exiger tous les respects parce qu'il est le constructeur de tout ce qui est utile et indispensable, des voies de communication, des routes, des ponts, des chemins de fer, des édifices religieux et civils. Il s'ensuivrait donc que celui qui trace les plans de ces édifices serait tenu de saluer ceux qui les exécutent, que le patron devrait s'humilier devant l'ouvrier, que la tête recevrait l'injonction de saluer le bras. Cela se dit, ces choses-là, cela ne se justifie pas.

« Une semblable théorie se définit à l'aide du Code, et elle tombe précisément sous le coup d'un article qui prévoit et punit le délit d'excitation à la haine et au mépris des citoyens les uns contre les autres. »

Tous vos lecteurs, aussitôt, croyant avoir le droit d'être pris au sérieux et se figurant que véritablement *c'était arrivé* (1), n'ont pas manqué de s'écrier avec Orgon :

Voilà, je vous l'avoue, un abominable homme.

On croirait, à vous entendre, que vous vous êtes, avec bravoure, risqué dans une échauffourée de la salle Giffard ou de la salle Lévis, où l'on ne s'aventure guère que revolver au

(1) On me pardonnera, je l'espère, certaines locutions, certains termes qui sentent trop la polémique du journaliste, lorsque l'on apprendra — beaucoup l'ont supposé déjà — que, durant plusieurs années, j'ai assidûment collaboré à l'*Éclaireur*, d'abord sous le pseudonyme d'Argus, naguère encore au *Nouvel Eclaireur* sous celui de P. de Clermont.

poing, prêt à défendre sa vie en même temps que les bons principes. Nullement : Vous étiez dans une humble église de village, assis paisiblement, en apparence du moins.

Mais alors, dira-t-on? Alors, cet émeutier, cet orateur de club, anarchiste ou socialiste, est tout simplement un prêtre. Au moins ce discours a dû être prononcé dans les temps troublés d'une révolution, en 1848 par exemple? Vous n'y êtes pas. Et l'expression *un jour* qui, d'après tous usages reçus signifie une époque assez éloignée, n'est mise ici que pour leurrer davantage. Car, trois jours à peine se sont écoulés entre le discours et la composition de votre article. Peut-être n'eût-il pas été inutile, à plusieurs points de vue, de donner ces détails.

Comme le prêtre, dit Lacordaire, l'homme de lettres est consacré : et si le ministère des âmes exige un culte de soi-même, le ministère de la pensée, quand on est digne de lui, exige aussi des égards. Or le premier devrait être, je ne dis pas seulement le respect, mais la pudeur de la vérité.

Quand par un mécanisme ingénieux qui lui est familier, l'écrivain présente comme résultat de son expérience, une histoire, un récit ou un fait inventé de toutes pièces par son imagination créatrice, le lecteur, dépourvu de tout point de repère qui puisse lui faire suspecter la vérité, se tiendra pleinement satisfait, sinon convaincu ; si, au contraire, le récit qu'on lui offre n'est que l'altération d'un fait véritable, d'un discours connu ou qu'il peut facilement contrôler, son esprit inquiet se verra aussitôt obscurci par une foule de doutes, dont les moindres peut-être concerneront le bon sens ou la bonne foi de l'écrivain.

Je crains, Monsieur, permettez-moi de le dire, quoique à regret, que cette dernière hypothèse ne trouve ici son application immédiate.

On rapporte que Louis XIV, ayant un jour essayé de rimer, consulta Boileau qui lui répondit : « Sire, Votre Majesté peut tout ce qu'elle veut : elle a voulu faire de mauvais vers et il faut convenir qu'elle a parfaitement réussi. » Plus habile ou plus chanceux que le Roi Soleil, vous obtenez, sans le vouloir, dans vos entreprises les meilleurs résultats. Votre intention n'était sans doute pas de commettre une maladresse : il faut convenir néanmoins que vous avez parfaitement réussi.

Ce vous est, en effet, une habitude de répéter que votre journal ne vous servira qu'à combattre sans relâche pour la religion (vous le dites encore dans l'article en question : *un journal catholique comme l'est celui-ci*.) M. Prudhomme, lui, avait un sabre pour défendre la

République — et au besoin pour l'attaquer. Vous imitez et dépassez singulièrement — en pratique — M. Prudhomme. M. Prudhomme saluez, vous avez trouvé votre maître.

Vous défendez la religion, et l'orateur que vous mettez *injustement* en cause est un prêtre !

Vous défendez la religion, et le discours que vous critiquez *en le dénaturant* est un sermon !

Loin de moi la pensée qu'un prédicateur en chaire jouisse du privilège de l'infaillibilité que le Pape lui-même n'a pas dans la même circonstance. Il peut certainement se tromper.

Deux cas se présentent : ou son discours est entaché d'hérésie, et tout catholique scrupuleux comme vous, et comme vous jaloux de la pureté de la foi, a le droit — je dirai même le devoir — de le déférer au jugement de son supérieur immédiat, l'Évêque; ou ses doctrines sont anti-gouvernementales ou anti-sociales, et elles ressortissent à l'appréciation sévère des tribunaux. Dans le dernier cas, me semble-t-il, un journaliste qui se dit catholique, devrait être assez digne pour ne pas se faire dénonciateur. Il se trouverait bien quelque ami du régime actuel, désireux de faire du zèle, pour remplir ce rôle de Fouquier-Tinville (1).

(1) Que l'on veuille bien lire attentivement ces lignes de Mgr Parisis et l'on se convaincra que j'ai peut-être trop

Mais, me direz-vous, je n'ai pas livré votre nom à la publicité. Soit : oserez-vous bien cependant arguer que vous avez voulu par là éviter le scandale ; alors il fallait vous taire, car l'esprit de beaucoup ne s'est pas égaré en désignant la personne attaquée.

Plusieurs de mes amis ont voulu me dissuader de vous écrire, par cette raison que généralement on ne reproche pas à celui qui louche le strabisme de ses yeux, ou au chanteur qui vous écorche les oreilles, la fausseté de sa voix. Je vous sais trop intelligent, Monsieur,

---

accordé au droit de remontrance chez les journalistes :

« Quand l'écrivain catholique trouve dans ses pasteurs légitimes des opinions, des tendances et surtout des décisions opposées à ses convictions personnelles, oh ! alors, qu'il ait bien soin, selon la recommandation de l'Apôtre, d'écouter longtemps, d'écouter beaucoup, et de ne parler que quand il ne pourra plus se taire ; qu'il se souvienne que la présomption doit être naturellement d'abord en faveur de ses chefs spirituels ; qu'ils ont, et par leurs études spéciales, et par leur expérience journalière, et par la grâce de leur vocation, des lumières abondantes dont les simples fidèles sont au moins en partie dépourvus ; que si, dans les matières controversées, l'obéissance n'est pas une obligation rigoureuse, elle est toujours, au moins d'abord, la voie la plus sage et la plus sûre.

« Si, cependant, il arrivait qu'après avoir longtemps étudié, médité, consulté, prié, un catholique se crût obligé, devant Dieu, d'entrer dans une discussion religieuse publiquement ouverte, et d'y prendre une position opposée à celle de son premier pasteur, il doit être, avant tout,

pour me permettre d'être de leur avis ; je ne vous ferai pas l'injure de croire que vous n'avez pas compris. Aussi je vous réponds.

Je vous réponds, parce qu'il serait trop commode, sous prétexte de charité chrétienne, de garder le silence et de laisser ainsi de soi-disant écrivains, prendre de là occasion de souiller impunément de la lie de leur encre, des gens revêtus par eux de *l'impersonnel on*, afin de leur enlever tout droit de défense.

Je vous réponds, parce que, venant de vous, le scandale serait trop grand s'il restait impuni

---

effrayé de l'obligation même que lui fait sa conscience ; il doit, à l'exemple du saint homme Job, redouter en cela ses paroles les plus saintes et ses œuvres les plus pures.

« Qu'alors donc, plus que jamais, il mette à tout son langage cette garde de circonspection que demandait à Dieu le Roi-Prophète ; que, par la timidité sincèrement respectueuse de ses représentations, il se fasse pardonner ce qu'il y a toujours, au moins en apparence, de contraire à l'ordre dans la résistance, surtout envers des supérieurs spirituels. Qu'il se rappelle enfin que les prêtres, et plus encore les évêques, sont toujours, dans la hiérarchie de l'Église, assimilés aux vieillards, devant lesquels on se tient debout par vénération, et dont il est dit qu'il ne faut jamais leur adresser des reproches, mais que seulement on peut, au besoin, les conjurer comme on conjure un père : *Seniorem ne increpaveris, sed obsecra ut patrem.* » (I Tim., v, 1.)

(Mgr Parisis : *Cas de conscience à propos des libertés*, 7e cas, 2e partie, *Du journalisme*, p. 307.)

et qu'il est inutile de laisser croître davantage la mauvaise impression qu'il a faite ici.

Je vous réponds, parce que je dois aux nombreux amis qui depuis longtemps connaissaient ce discours et qui l'ont reconnu défiguré dans vos colonnes, de leur montrer que je n'ai pas démérité de leur affectueuse estime.

Je vous réponds, parce qu'il est indigne d'attaquer les ministres d'une religion sous le masque de ses défenseurs.

Je vous réponds, parce que autant il est logique et même mieux que ceux qui ont fait des sottises les boivent, autant il est illogique et injuste que ceux qui en souffrent soient ceux qui ne les ont pas faites.

Je vous réponds, enfin, parce que, au-dessus de la petite question de personne et de fait, il y a une grande question de principe et de droit.

Et je cite textuellement les pièces du procès.

Voici d'abord le discours tel qu'il fut prononcé dans les deux sections de la commune de Fontaine-Bonneleau, le 19 Février 1888.

Reddite omnibus debita : cui honorem, honorem.

Rendez à chacun ce que vous devez : le respect à qui vous devez le respect. (Rom. XIII.)

Il existe, Mes Frères, dans le cœur humain

divers sentiments complexes, qu'il est plus facile de ressentir en soi-même que d'exprimer ou d'analyser : de ce nombre est le respect. Engendré par l'union intime de l'amour et de la crainte, il naît en nous, à la vue de la majesté, de la dignité, de la bonté, de la faiblesse ou du malheur ; se manifeste quelques fois par un battement de cœur plus vif, un tremblement indicible et inaccoutumé de notre être tout entier, et se traduit, quand il le doit, à l'extérieur, ou par un religieux silence, ou par quelques paroles polies, douces et réservées, en même temps que par une humble attitude. Et nous veillons, avec le plus grand soin, à ne point froisser, ne fût-ce que par mégarde, l'objet digne de notre vénération.

Tel est, M. F., le sentiment que, d'après la nature des choses, nous devrions éprouver devant la majesté divine, la faiblesse de notre prochain, en particulier la femme et l'enfant ; et la dignité personnelle de notre âme. C'est ce qu'avait parfaitement compris le moyen-âge chrétien, dans sa sublime institution du chevalier, dont le serment était, le jour de son investiture : « de respecter et par suite de défendre les droits de Dieu, de la veuve et de l'orphelin, et de ne jamais forfaire soi-même à l'honneur. » Or, M. F., une chose digne de remarque, c'est que ce sentiment du respect, complètement étouffé par le paganisme, rallumé et développé par l'Église Catholique, nommée par un illustre protestant la première école de respect, c'est que, dis-je, ce sentiment va s'affaiblissant d'âge en âge dans nos mœurs, en même temps que la foi dans les cœurs. Au XVIIe siècle ce n'est déjà plus qu'une courtoisie chevaleresque, digne assurément du caractère français, mais où il ne reste que bien peu d'esprit chrétien. Et de nos jours, hélas! il faudrait ne pas être attentif pour ne point entendre cette voix lamentable qui nous crie: « Il n'y a plus de respect, même pour les choses les plus sacrées. » C'est un fait évident que constate la triste expérience du passé, dans les individus comme dans les sociétés. Quand un homme perd la foi, ou l'obscurcit dans les agitations d'une vie de plaisirs, bien souvent en lui, la notion juste, exacte, de l'honneur véritable diminue et s'altère. Vous le verrez afficher une sorte de dignité extérieure, un certain respect officiel, dont il ne peut se dépouiller sans passer aux yeux du monde pour un homme sans éducation et sans tact, et qu'il rejettera, comme un vêtement usé, dans l'intimité, alors que son intérêt ou son plaisir subiraient quelque gêne à le conserver. Dans les sociétés : un peuple qui n'a plus de religion, perd le respect et s'achemine bien vite vers la grossièreté de la barbarie. Or, il faut l'avouer, en France, et cela dans toutes les classes, on ne respecte plus la majesté de Dieu, on la méconnait et on l'insulte; on ne respecte plus la faiblesse de la femme et de l'enfant, on les corrompt; on ne respecte plus la dignité personnelle, on se dégrade. C'est de ce triple manque de respect que j'ai l'intention de vous parler dans une série d'entretiens...

Tous, ou peu s'en faut, M. F., vous êtes de ceux qui demandent au noble travail de leurs mains, leur pain de chaque jour. Tous vous êtes des ouvriers: vous n'avez pas à en rougir, au contraire.

Or, on ne rend pas justice à l'ouvrier, disait un jour un orateur célèbre (1), on ne rend pas hommage à l'ouvrier, on ne respecte pas l'ouvrier. Quand on passe auprès de l'ouvrier, on ne s'incline pas devant lui, on ne le salue pas, on ne daigne pas lui donner un regard, on le méprise, on l'insulte. C'est une chose qui me révolte jusque dans le plus profond de mon être.

Et cependant, si je considère la seule église où je vous parle, tout y atteste à la fois le labeur et le génie de l'ouvrier.

N'est-ce pas l'ouvrier, en effet, qui a entassé

---

(1) Raymond Brucker, *Disc. à l'église Saint-Laurent*, à Paris, en 1848.

et cimenté ces pierres pour en former ces murs, ces piliers d'une solidité et d'une harmonie si parfaites? N'est-ce pas lui qui a sculpté les candélabres et le lustre de cet autel et ce tabernacle même où la majesté de Dieu est voilée?

Et cependant on ne respecte pas l'ouvrier.

Qui a tissé les nombreuses pièces des vêtements qui vous couvrent? Qui a pétri, pendant votre sommeil, le pain de vos repas? Vous êtes venus à cette église; qui a tracé les chemins? L'ouvrier, toujours l'ouvrier. Quand vous entreprenez un voyage pour vos affaires ou pour vos plaisirs, c'est l'ouvrier qui, pour épargner votre temps ou diminuer votre peine, a aplani, nivelé le sol, comblé des vallées, abaissé des montagnes, joint les rives des fleuves, amoindri tous les frottements, placé des véhicules à roues sur des blocs de grès ou des bandes de fer, dompté les chevaux ou la vapeur.

Et cependant on ne respecte pas l'ouvrier, ou on n'a pour lui qu'un dédaigneux regard.

Sans lui la société périrait, et la société n'a pour lui aucune reconnaissance. Et lui-même, alors, sous le poids de cette espèce de damnation, s'est surpris à murmurer au fond de son cœur ulcéré : « Qu'ai-je donc fait aux hommes pour qu'ils me méprisent ainsi? ». Ce sont-là, si je ne me trompe, M. F., vos plaintes journalières. Vous voulez que l'on vous respecte et que l'on vous honore, à cause de votre travail ; mais il vous faudrait être conséquents avec vous-mêmes et ne pas être de ces gens trop nombreux aujourd'hui, qui défendent aux autres ce qu'ils se permettent eux-mêmes, qui demandent pour eux ce qu'ils refusent impitoyablement aux autres.

Or, M. F., avant l'ouvrier de la terre, avant vous-mêmes, au-dessus de l'ouvrier de la terre, il n'y a qu'un seul et sublime Ouvrier, c'est Dieu !

C'est lui qui, incomparable Architecte, a, de sa main toute-puissante, élevé la voûte des cieux ; c'est lui qui a groupé harmonieusement les astres dans l'espace immense ; c'est lui qui, dans l'éternité de sa pensée et de son plan divin, a créé le modèle et arrêté la forme de tous les êtres vivants ; c'est lui qui, dans le bloc de notre chair, a sculpté le corps humain, cette statue si bien proportionnée, si belle, et qui regarde le ciel ; c'est lui qui a semé sur la terre la variété infinie des plantes dont nous vivons, c'est lui qui dispense à nos moissons le soleil et la pluie, la chaleur du jour et la fraîcheur des nuits.

Sans lui, le monde dépérirait dans une disette épouvantable ; il travaille tous les jours pour l'homme, et l'homme ne regarde pas, ne salue pas, ne respecte pas cet Ouvrier divin. C'est lui encore qui, abaissant un jour les hauteurs des cieux, s'est fait homme, ouvrier, pauvre et qui, après avoir gagné pendant trente-trois années, à la sueur de son front, le pain quotidien de sa vie humaine, a entrepris le gigantesque travail de la Rédemption du genre humain. Seul, il l'a exécuté; et il lui en a coûté plus que des sueurs; il lui en a coûté des souffrances inouïes, sa vie même, après avoir épuisé jusqu'à la dernière goutte de son sang.

Ô hommes qui m'écoutez, ayez donc pour cet Ouvrier divin le respect que l'on doit à sa majesté, le respect que l'on doit au travail, le respect que l'on doit à la souffrance, le respect que l'on doit à la mort.

Quand on respecte, M. F., on salue et on s'incline en marque d'attention et de déférence. Vos enfants, si bien élevés, assurément ne manquent point, matin et soir, de vous saluer, père et mère, tour à tour. Et vous, témoignez-vous à Dieu votre respect, en le saluant chaque jour par votre prière du matin et du soir, si courte soit-elle? Vos enfants, de temps à autre, au jour de votre fête, par exemple, au renouvellement de l'année, sont heureux de vous présenter leurs souhaits et leurs vœux. Pensez-vous, de votre côté, à venir chaque dimanche, qui est le jour du Seigneur, lui présenter, dans son temple, vos hommages de respect et d'actions de grâces ?

Vous vous faites un devoir vous-mêmes, et je trouve que vous avez grandement raison, vous vous faites un devoir de saluer respectueusement vos maîtres quand ils passent devant vous ou quand vous vous présentez devant eux. Et Dieu ! le Maître de vos maîtres et notre maître à tous, vous ne le salueriez pas? Le saluez-vous quand vous le rencontrez sur le Calvaire, à l'intersection de vos chemins ?

Oh! mes amis, laissez-moi vous le dire, c'est une chose qui nous peine profondément, chaque fois que, conduisant l'un de vous à sa dernière demeure, nous voyons des hommes passer le front haut et la tête couverte devant la Croix, image de leur Dieu et signe de leur salut.

Est-ce là, dites-moi, le respect que nous devons avoir pour Dieu? Je ne l'ignore pas, M. F., ce qui bien souvent empêche l'homme ou l'ouvrier de saluer Dieu dans son temple ou dans les rues, ce n'est pas le manque de respect positif pour Dieu, c'est le trop grand respect pour le dire des hommes, c'est le respect humain, c'est la peur. Mais qui donc, dites-moi, est le plus grand et le plus digne de respect? Qui donc doit l'emporter : Dieu ou le monde?

Vous avez peur d'un sourire, d'une raillerie. A-t-il eu peur des sarcasmes des hommes, le divin Maître Jésus, alors que, traversant les rues de Jérusalem, le front ensanglanté des épines de sa couronne, les épaules meurtries par le poids de sa croix, il montait au calvaire, mourir pour les hommes, pour chacun de vous, riches ou pauvres?

On respecte ici-bas ceux dont on croit avoir besoin. Et n'avez-vous donc pas besoin de Dieu? Ah! je le sais, l'homme, quand il est jeune et plein de vie, compte sur sa force. Mais un jour vient où le vin de cette jeunesse qui l'enivre s'est évaporé; les épaules se courbent, le bonheur s'effeuille, les affections s'éteignent, et alors, effrayé du vide et de l'obscurité, on étend les bras, comme l'enfant surpris par les ténèbres, et on appelle au secours Celui qui est partout, le bon Dieu! Ah! sans doute, il vous accueillera, vieillard ou malheureux, sans souvenir aucun de votre indifférence de jeune homme, quand, plein de respect, vous implorerez votre grâce; mais il est Dieu aujourd'hui comme il le sera dans vingt ans; il est bon aujourd'hui comme il le sera plus tard; saluez donc avec respect, car il a passé et passe tous les jours au milieu des hommes en faisant le bien, car de ses lèvres divines sont tombées ces paroles inconnues à toute bouche humaine:

« O vous, qui travaillez et haletez sous le poids de la peine, venez et je vous consolerai ! » Respect à Dieu.....

La seconde partie traitait particulièrement du blasphème.

Tel est le discours critiqué dans l'article suivant :

L'ASSURANCE DE MON RESPECT

Qui de nous n'a reçu et ne reçoit journellement des lettres au bas desquelles s'étale la formule suivante : « Recevez l'assurance de mon respect ». Formule banale, je le veux bien, imposée par l'usage, soit encore, mais qui tend à démontrer péremptoirement qu'il est des gens envers lesquels d'autres individus se croient tenus à montrer de la déférence, à témoigner du respect.

Il n'y a donc pas, dans la société, qu'une seule classe : il en est au moins deux, dont l'une qui est forcée de s'incliner devant l'autre, et ce n'est pas la classe supérieure qui salue « avec respect » la classe inférieure. Je dirai tout à l'heure comment, et à ma grande surprise, le contraire m'a été révélé alors que j'étais loin de m'y attendre.

Qu'est-ce que le respect ? C'est la vénération, la déférence que l'on a pour quelqu'un, pour quelque chose, à cause de son excellence, de son caractère, de sa qualité, de son âge. Et d'où vient qu'en France tout va de mal en pis, que nous roulons sur une pente rapide sans pouvoir nous arrêter? D'où vient cet effondrement de la société, qui présage l'effondrement d'un peuple? Cela vient de ce que la loi du respect a été biffée du code de la société française. On ne respecte plus rien, et l'on en meurt.

Qui doit-on respecter? Tout ce qui vous est supérieur par son âge, par sa qualité, par son caractère, par son excellence. Si, pour que la société soit parfaite, il est nécessaire que l'égalité soit proclamée, tant pis, il faut en faire son deuil, car la société n'atteindra jamais à la perfection. Il faut des supériorités, quand ce ne serait que pour légitimer l'introduction du mot respect dans la langue française.

Avant tout et avant tous, il convient de respecter Dieu et la Religion. C'est une de ces vérités qui ne se discutent pas, que les peuplades les plus barbares ont toujours admises, et que nous n'avons pas à développer dans un journal catholique comme l'est celui-ci : Nous croirions faire injure à ceux qui nous lisent. Il faut respecter l'autorité sous ses formes multiples, l'autorité du souverain, l'autorité du supérieur, l'autorité du chef de famille, du père et de la mère.

Il faut respecter le vieillard, et l'infortune noblement et courageusement supportée. Il faut respecter la vertu de la femme et la pudeur de la jeune fille. J'insiste sur ce point, car, sous prétexte de science ou d'étude, sous prétexte de préceptes de morale ou de conduite, ou encore sous d'autres prétextes plus temporels que spirituels, combien ne voit-on pas de gens qui ne craignent pas d'outrager le fruit à peine mûr, la fleur à peine éclose!

Il faut que ce qui est au bas de l'échelle sociale

respecte ce qui se trouve placé sur l'échelon supérieur. Dans le cas contraire, que chacun alors marche la tête en bas, et tout sera dit. D'un peuple sensé on aura fait une nation d'acrobates. Et après? Comme l'acrobate le plus habile ou le plus infatigable ne saurait toujours cheminer sur les mains et qu'à un moment donné il faut bien qu'il reprenne la position normale, ainsi en serait-il d'une société qui aurait temporairement adopté la même posture. Il faudrait qu'elle se redressât, mais au prix de quels efforts, de quelles convulsions, de combien de sang versé!

Du manque de respect sont nées les Révolutions chez les peuples. Les révolutions dans la famille naissent également du manque du respect.

Je voudrais que quiconque prend le respect pour thème de ses écrits ou de ses paroles, s'appliquât à le définir tel qu'il doit l'être et n'introduisit pas le paradoxe ou la cognée dans une matière aussi grave et qui comporte des règles fixées par l'usage, par la tradition, par la nécessité, par le raisonnement.

Je ne voudrais pas, par exemple, que l'on vînt dire, à propos de l'inférieur, qu'il a droit au respect du supérieur. Je voudrais que l'on dise simplement que celui qui sait se respecter a droit au respect des autres, car il y a trois classes dans le respect, le respect de Dieu et de l'autorité, le respect de soi-même et le respect du prochain.

Un jour, j'entendais un orateur, qui traitait du respect, développer cette théorie qu'il n'y a rien de plus respectable que l'ouvrier, et que l'on doit se découvrir devant lui.

Partant de ce principe, il disait que l'ouvrier a

droit d'exiger tous les respects, parce qu'il est le constructeur de tout ce qui est utile et indispensable, des voies de communication, des routes, des ponts, des chemins de fer, des édifices religieux et civils. Il s'ensuivrait donc que celui qui trace les plans de ces édifices serait tenu de saluer ceux qui les exécutent, que le patron devrait s'humilier devant l'ouvrier, que la tête recevrait l'injonction de saluer le bras. Cela se dit, ces choses-là, cela ne se justifie pas.

Je prends un exemple : Vous dites, à propos d'une église, que sont respectables au premier chef les ouvriers qui ont assemblé les pierres, qui ont façonné les sculptures, peint les vitraux, décoré les statues. Pourquoi n'ajoutez-vous pas, pourquoi n'avez-vous pas commencé par dire que celui qu'il faut respecter et honorer d'abord, c'est celui qui a généreusement retiré de sa bourse la somme nécessaire pour que l'édifice sortît de terre et atteignît son couronnement? Une semblable théorie se définit à l'aide du Code, et elle tombe précisément sous le coup d'un article qui prévoit et punit le délit d'excitation à la haine et au mépris des citoyens les uns contre les autres.

Dire à l'ouvrier qu'il est digne de tout respect et qu'il faut qu'on se découvre devant lui, c'est lui apprendre qu'il ne doit respecter ni le patron qui l'emploie et lui procure le pain quotidien, ni l'homme de talent ou de génie dont il réalise les conceptions. C'est lui enseigner la haine de ce qui le domine par son intelligence ou sa position sociale.

La logique et l'enchaînement des idées veulent qu'après avoir tenu ce langage un jour aux ouvriers, on leur enseigne le lendemain que si leurs supérieurs ou leurs patrons sont réfractaires à courber la tête devant eux, il est un moyen de les y contraindre, c'est de leur enlever la tête de dessus les épaules.

On aura beau dire et beau faire : il ne cessera jamais d'y avoir des maitres et des serviteurs, des subalternes et des supérieurs. La loi de la nature a voulù qu'il en fût ainsi depuis que le monde existe, et il en sera de même tant que le monde existera.

Dites donc, pour être dans le vrai, pour parler sainement, pour que tous vous comprennent et vous louent, dites aux inférieurs que s'ils veulent attirer le respect, ils commencent par se respecter eux-mêmes, et qu'ils continuent en respectant ce qui doit être respecté ; et le respect qu'ils pourraient avoir le droit d'obtenir leur viendra naturellement et par la force des choses. Ils l'auront conquis, et ne l'auront pas arraché.

Tout par vertu, rien par force.

LICQUES.

On ne m'accusera pas, je pense, d'avoir cherché à surprendre la bonne foi de mes lecteurs, en ne leur présentant que des fragments plus ou moins bien reliés ensemble : ils peuvent juger, par eux-mêmes, dès maintenant, sans prêter attention aux réflexions que je fais sur le fond du discours et sur les circonstances diverses où il fut prononcé.

Le prédicateur, en somme, est un avocat : il plaide en faveur de la vérité ; son but est de persuader et de convaincre un auditoire plus ou moins rebelle : il lui est donc loisible d'envisager la question sous un aspect particulier, en voilant les autres dans la pénombre. Cette opinion est plus admissible encore pour le prédicateur qui entreprend une station de Carême, puisqu'il peut développer à l'avenir les points laissés tout d'abord par lui de côté.

En supposant donc que mon intention fût, dans le discours incriminé, de parler spécialement du respect des supérieurs envers les inférieurs, qui vous disait, Monsieur, que je ne voulais pas plus tard traiter du respect dû par l'ouvrier à son maître? La simple prudence vous commandait de réserver votre appréciation et votre critique pour une époque ultérieure. Mais non : à peine ai-je ouvert la bouche que votre indignation factice éclate. « Vite des juges ! vite la prison ! Qu'on le fusille ! » Vous êtes bien sévère, Monsieur, pour les autres.

Comme tribunal, nous aurons l'opinion publique; et le bon sens dira, que vous vous êtes sciemment trompé. Il ne faut pas, en effet, être grand clerc, pour voir que tout ce discours se réduit à l'argumentation suivante que, pour plus de clarté, je mets en forme syllogistique :

Faites aux autres ce que vous voudriez qu'on vous fît à vous-mêmes.

Or, ouvriers, vous voulez qu'on vous respecte.

Donc, de votre côté, respectez Dieu.

Vous voulez qu'on vous respecte parce que vous travaillez et que le travail est utile et digne; parce que vous souffrez et que la souffrance est un honneur.

Or, Dieu Créateur est le premier ouvrier, Dieu Rédempteur est le premier souffrant.

Donc, respectez Dieu!

Est-ce là vraiment *une théorie qui se définit à l'aide du Code?* Et dire aux ouvriers qu'ils doivent respecter Dieu comme ils veulent qu'on les respecte eux-mêmes, est-ce là exciter *à la haine et au mépris des citoyens les uns contre les autres?* — Pas n'est besoin, Monsieur, pour comprendre cela, d'avoir toute sa vie argumenté en Barbara ou en Baralipton; le bon sens et la loyauté suffisent.

A cette preuve intrinsèque, permettez-moi d'en ajouter une extrinsèque qui ne peut manquer d'avoir son poids dans la discussion.

Ce discours sur *le respect dû à Dieu*, et celui du dimanche suivant, 26 février, sur *le respect dû à la femme et à l'enfant* ne sont que les deux parties d'un sermon prononcé par moi le 16 décembre 1883, dans la cathédrale de Beauvais. C'était à la fête patronale de l'Association de Saint-François-Xavier : la cérémonie était présidée par sa Grandeur Mgr Dennel, actuellement évêque d'Arras, entouré de son chapitre, du clergé de la cathédrale, des directeurs et des élèves du grand séminaire. L'assistance était composée d'un grand nombre d'ouvriers de Beauvais, membres de l'Association, du président et des membres honoraires, etc., etc.

Ce discours, absolument semblable à celui que vous avez entendu, ne m'attira de la part de sa Grandeur, ni reproche, ni blâme, ni avertissement, ni conseil. Qu'allez-vous conclure de là? Que Mgr Dennel n'a pas compris; ou bien qu'il a manqué à son devoir en me laissant ainsi exciter *à la haine et au mépris des citoyens les uns contre les autres*, et que par suite, assumant une terrible responsabilité, il devrait m'accompagner sur les bancs de la Cour d'assises? Accuserez-vous d'ignorance les chanoines et les directeurs du grand séminaire? Peut-être serait-ce un peu osé de votre part. Et pourtant vous ne pouvez reculer devant cette conclusion inattendue. En toute chose, Monsieur, il faut considérer la fin.

J'irai donc en Cour d'assises : mais vous avouerez que l'approbation au moins tacite de mes supérieurs me tiendra bien lieu de circonstances atténuantes. J'irai donc en Cour d'assises : mais vous ne m'empêcherez pas, dans ma défense, de m'appuyer sur l'impunité accordée à un Évêque qui prononça jadis le mêmes paroles que moi, dans les mêmes circonstances.

Vous incriminez ainsi un passage de mon discours : je cite vos paroles : *Je prends un exemple : Vous dites, à propos d'une église, que sont respectables au premier chef les ouvriers qui ont assemblé les pierres, qui ont façonné les sculptures, peint les vitraux, décoré les statues. Pourquoi n'ajoutez-vous pas, pourquoi n'avez-vous pas commencé par dire que celui qu'il faut respecter et honorer d'abord, c'est celui qui a généreusement retiré de sa bourse la somme nécessaire pour que l'édifice sortît de terre et atteignît son couronnement? Une semblable théorie se définit à l'aide du Code, et elle tombe précisément sous le coup d'un article qui prévoit et punit le délit d'excitation à la haine et au mépris des citoyens les uns contre les autres.*

Or, dans un discours prononcé devant la Société de secours mutuels dans la cathédrale d'Angers, le 19 mars 1875, Mgr Freppel s'exprimait ainsi : « Si haut qu'il faille estimer ce qu'on est convenu d'appeler les professions libérales, celles du jurisconsulte, du littérateur ou de l'homme d'État, la condition du travailleur, elle aussi, a sa noblesse et sa dignité. Le travail manuel, en effet, et c'est ce qui en fait la grandeur morale, le travail manuel est un acte religieux et par son caractère et par sa fin : car c'est une collaboration de l'homme avec Dieu dans l'œuvre de la création...

« Et cette collaboration sublime, je la retrouve, Messieurs, quand je passe du monde de la nature à celui de la grâce. Là aussi, le travail manuel est associé aux opérations divines dans l'achèvement de cette seconde création plus haute que la première, et qui constitue le règne des âmes. Quand l'Église veut parfaire cette œuvre divine, à qui demande-t-elle son concours? A l'ouvrier; au travail manuel. Vous êtes nos coopérateurs dans la sanctification des âmes. *Voyez cette cathédrale, cette maison de Dieu, où Dieu parle, agit, pardonne, se sacrifie, chaque jour et à toute heure : qui a rendu toutes ces choses faciles, possibles? qui a posé ces puissantes assises de la maison de Dieu? Qui a jeté dans les airs ces deux flèches merveilleuses qui paraissent vouloir porter jusqu'aux cieux les hommages de la terre? Qui a déployé cette voûte si hardie, sous laquelle retentissent les louanges de Dieu avec les chants sacrés? Qui a donné une voix à ce métal dont les accents viennent se joindre à la prière publique pour remuer les âmes? Qui a gravé les enseignements de la foi sur la pierre et sur la toile, qui les a incrustés dans le bois ou faits éclater dans les riches couleurs du vitrail? Du tabernacle au baptistère, des candélabres de l'autel aux vêtements du prêtre, qui a maçonné, charpenté, tissé, tapissé, fondu, forgé tout ce qui sert au sacrifice, à la prédication, à toutes les pompes et à toutes les majestés du culte? Qui a fait tout cela? L'ouvrier, le travail manuel. Nous disons donc que l'ouvrier, que l'artisan est digne d'estime et de considération*, etc., etc. »

Avez-vous bien lu, Monsieur, les paroles soulignées? N'est-ce pas là et presque textuellement ce que j'ai dit? Et Mgr Freppel (si l'on peut comparer les petites choses aux grandes), parlait, comme moi, à des ouvriers, et comme moi à une société de secours mutuels et dans une cathédrale. Il serait singulièrement étonné de se voir accusé de socialisme, et de s'entendre dire, par un journaliste soi-disant catholique, que son discours *se définit à l'aide du Code, et tombe précisément sous le coup d'un article qui prévoit et punit le délit d'excitation à la haine et au mépris des citoyens les uns contre les autres.*

Vous êtes heureux, Monseigneur, que l'inviolabilité du député sauvegarde l'Évêque, car vous avez enseigné à l'ouvrier *la haine de ce qui le domine par son intelligence ou sa position sociale*, et un singulier moyen de se faire respecter.

Gil Blas, quittant son oncle le chanoine pour

se rendre à Salamanque, entendit sur le chemin de Peñaflor une voix plus arrogante que plaintive qui lui dit : « Seigneur passant, ayez pitié, de grâce, d'un pauvre soldat estropié ; jetez, s'il vous plaît, quelques pièces d'argent dans ce chapeau ; vous en serez récompensé dans l'autre monde. » Gil Blas tourna la tête, et vit, au pied d'un buisson, à vingt ou trente pas, une espèce de soldat, qui, sur deux bâtons croisés, appuyait le bout d'une escopette, et le couchait en joue. Gil Blas s'exécuta et fit bien sinon il aurait perdu sa mule et les quarante ducats qui composaient sa fortune. Ce soldat s'exerçait à ce que les socialistes ont appelé *le droit à l'assistance*.

Il paraîtrait, d'après vous, Monsieur, que j'ai enseigné aux ouvriers de pratiquer le *droit au respect* comme ce soldat mendiant exerçait le *droit à l'assistance*. Vous dites en effet : *La logique et l'enchaînement des idées veulent qu'après avoir tenu ce langage un jour aux ouvriers, on leur enseigne le lendemain que si leurs supérieurs ou leurs patrons sont réfractaires à courber la tête devant eux, il est un moyen de les y contraindre, c'est de leur enlever la tête de dessus les épaules.*

Je vous avoue franchement que grande eût été ma stupéfaction, si le lendemain, j'eusse vu les rues de Beauvais privées de leurs pavés glissants et obstruées de barricades ; si surtout on m'eût dit que cette émeute était le résultat de mon discours. Heureusement il n'en fut rien. Sans doute les supérieurs et les patrons des ouvriers mes auditeurs *n'ont pas été réfractaires à courber la tête devant eux;* toujours est-il que ces honorables Messieurs n'en sont pas réduits au rôle de décapités parlants et marchants. Je puis vous l'assurer : dernièrement, j'ai rencontré le Président de l'association Saint-François-Xavier, homme distingué, comme d'ailleurs aussi tous les membres honoraires, et j'ai pu constater qu'il avait toujours son visage affable et souriant, et que surtout il était encore sur ses épaules.

Ou bien, les ouvriers, dans leur simplicité, n'ont pas compris mes paroles de révolte, ou bien ils ont retenu ce passage de mon discours : « *Vous vous faites vous-mêmes un devoir, mes amis — et je trouve que vous avez grandement raison — vous vous faites un devoir de saluer respectueusement vos maîtres quand ils passent devant vous, et quand vous vous présentez devant eux :* et Dieu le Maître de vos maîtres, et notre Maître à tous, vous ne le salueriez pas? »

Cette phrase vous a complètement échappé. Vous étiez sans doute distrait, Monsieur, ou préoccupé; — que celui qui n'a jamais été distrait au sermon vous jette la première pierre. Peut-être aussi absorbé dans le Petit Carême de Massillon, vous méditiez le sermon sur *l'humanité des grands envers le peuple.* Je le regrette pour vous; cette phrase vous eût certainement empêché de faire d'un sermon sur le respect dû à Dieu, une harangue de club, de trouver dans mon discours, ce qui n'y était pas, *une excitation à la haine et au mépris des citoyens les uns envers les autres.*

J'ai parlé plus haut de maladresse : j'ai eu tort. C'est d'un nom contraire qu'il faut appeler cette attaque. « Si nous voyons ici une maladresse, disait Mgr Dupanloup, en parlant d'un article de L. Veuillot, c'est celle qu'il y a toujours à sortir du vrai dans le triste entraînement de la passion (1). »

Et j'en finis, Monsieur, avec la question de fait : je l'ai mise dans tout son jour, parce qu'il s'agit « de savoir si quelques laïques, abusant de la dangereuse puissance que leur donne un journal, pourront, dans l'Église, chaque matin, parler de tout et à tous; décider à temps et à contre-temps (2). »

Il s'agit de savoir si les prêtres ne pourront

---

(1) Mandement à MM. les Supérieurs et Professeurs des petits séminaires, au sujet des attaques de certains journaux, notamment du journal *l'Univers* (1852).

(2) Mgr Dupanloup : Même mandement.

plus désormais ouvrir la bouche, même du haut de la chaire, sans se trouver attaqués ouvertement par des ennemis, et sournoisement par de prétendus amis qui ensemble rivaliseront d'ardeur pour dénaturer leurs paroles.

La religion n'a que faire de tels défenseurs : je suis pleinement de l'avis de Mgr Dupanloup, « l'Église a beaucoup moins à craindre de ceux qui l'attaquent au dehors, que de ceux qui, sans caractère et sans mission, prétendent la gouverner au dedans, » et je pense comme l'humble sœur Rosalie : « Je n'aime pas que l'on force le diable à faire l'aumône au bon Dieu » (1).

(1) Vicomte de Melun, *La sœur Rosalie*, chap. IX.

II

Du Respect dû à la Femme et à l'Enfant.

Qu'il me soit permis maintenant, Monsieur, de discuter quelques théories de cet article où à mon humble avis, et suivant une de vos expressions, vous avez mis « le paradoxe et la cognée. » *Il faut, dites-vous, respecter la vertu de la femme et la pudeur de la jeune fille. J'insiste sur ce point, car, sous prétexte de science ou d'étude, sous prétexte de préceptes de morale ou de conduite, ou encore sous d'autres prétextes plus temporels que spirituels, combien ne voit-on pas de gens qui ne craignent pas d'outrager le fruit à peine mûr, la fleur à peine éclose !*

Quelle fut, dans ce paragraphe, votre pensée de derrière la tête? Des trois membres de phrase dont il se compose, je comprends facilement le premier.

Sous prétexte de science et d'étude, on ne

respecte ni la vertu de la femme, ni la pudeur de la jeune fille. Vous faites là, ce me semble, justement allusion à certains examinateurs laïques qui, dans les examens pour les brevets ou certificats de tous genres, posent à des jeunes filles des questions où la morale est fort peu sauvegardée.

Mais que prétendez-vous par ces mots *sous prétexte de morale ou de conduite, ou encore sous d'autres prétextes plus temporels que spirituels, combien ne voit-on pas de gens qui ne craignent pas d'outrager le fruit à peine mûr, la fleur à peine éclose*. J'ai essayé, Monsieur, vous me le pardonnerez, d'y trouver une attaque personnelle : je n'ai pas trouvé. Et à vous parler franchement, je le regrette. Car je suis forcé d'y voir — et c'est là aussi l'avis de nombreux amis qui m'ont aidé de leurs recherches — je suis forcé d'y voir une critique mauvaise, quoique non avouée, de la confession et de la direction des consciences.

Qui donc ici-bas est chargé de donner des préceptes de morale et de conduite, si ce n'est le prêtre ? Dans quels cas peut-on faire une comparaison entre les motifs temporels et les spirituels, si ce n'est lorsqu'il s'agit de la direction des âmes ? Pouvez-vous donner une autre explication plausible de vos paroles ? Et c'est vous, Monsieur, qui osez dire *dans un journal catholique comme l'est celui-ci*, ce sont vos expressions, que bien des gens, (je traduis des prêtres) ne craignent pas d'outrager le fruit à peine mûr, la fleur à peine éclose.

La phrase est jolie, et digne de la poésie sectaire de Michelet, ou de la prose mensongère de Paul Bert.

On voit, certes, des hommes qui pensent comme vous écrivez; mais ils ont pour cela des motifs plus temporels que spirituels.

Car, s'il est vrai, d'après le poète latin, que la faim est mauvaise conseillière, *malesuada fames*, elle n'est pas la seule; il y a, en effet, inhérents au corps de l'homme des appétits, et dans son âme des passions qu'il n'écoute que trop souvent, et pour son malheur. Et ceux-là trouvent mauvais que l'on donne des préceptes de morale ou de conduite, qui voient dans la confession ou la direction, un obstacle à la satisfaction inavouable de ces appétits ou de ces passions : ainsi l'assassin serait-il furieux contre celui qui, ayant pénétré ses desseins, avertirait sa victime et la protègerait de ses conseils ou de sa personne.

Je ne vous fais, Monsieur, ces observations que pour vous mettre à même, si vous le jugez à propos et si vous le pouvez, de chasser par des explications sérieuses et probantes, les doutes qui ont surgi dans de nombreux esprits.

Vous voulez que l'on respecte la vertu de la femme et la pudeur de la jeune fille? En lisant cette phrase, j'ai souri : j'ai souri, parce que j'étais heureux de me dire enfin et pour une fois du même avis que vous; j'ai souri, parce que retrouvant sous votre plume mes propres paroles je ne pouvais vous octroyer un brevet d'invention. J'avais, en effet, annoncé ce sujet — et vous l'avez entendu — comme objet d'un second discours que je venais de prononcer, quand on m'a remis votre article.

« La femme et l'enfant, disais-je, sont deux fleurs tendres et fragiles de la société humaine, que l'homme, être plus fort, devrait prendre sous sa sauvegarde et traiter avec le même respect et la même délicatesse, que le jardinier habile met à soigner ses plantes rares.

« L'enfant arrive à l'atelier ou dans les maisons de travail avec la naïveté de ses jeunes ans, prêt à imiter ceux qui par leur âge, leur expérience ou leur habileté, lui semblent supérieurs, et disposé à graver dans son âme molle les bonnes et mauvaises impressions.

« Enfant aujourd'hui, il sera homme demain, et il attend de tous le respect auquel a droit de la part d'un français et d'un chrétien, tout chrétien et tout français.

« La femme, nous la rencontrons ou à l'atelier ou à la fabrique à l'état de jeune fille ou d'épouse.

« Jeune fille, elle possède en son âme pure, mais fragile comme le cristal, ce qui fait tout son trésor et son honneur : la candeur et l'innocence qui seront un jour l'héritage de ses jeunes enfants. Épouse, elle a voué sous le regard et la consécration de Dieu, et d'une manière irrévocable, son affection et sa fidélité.

« Tous deux ainsi, femme et enfant, ont droit en raison de leur faiblesse, de leur innocence ou de leur vœu, au même respect que Dieu, toute proportion gardée, en raison de sa majesté divine et de sa bonté.

« L'atelier devrait être pour l'enfant comme la continuation de la maison paternelle, et pour la femme, comme un second foyer domestique aussi sûr que le premier.

« En est-il ainsi ? Que d'ateliers, hélas ! ou de fabriques ou de fermes, ne devraient point porter au-dessus de leur porte, ces mots que le poète gravait à l'entrée des enfers : « Vous qui « entrez, laissez toute espérance. »

« Ah ! pauvres enfants, exposés sans cesse à l'insouciance, à la légèreté, à la grossièreté d'ouvriers impies qui agissent devant vous et vous traitent avec aussi peu de respect que les animaux immondes dont parle l'Evangile, traitaient les perles de prix !

« Que devenez-vous, pauvres femmes, en butte à des sollicitations brutales de tous les instants ?

« Ah ! malheureux ouvrier, comme l'impie de l'écriture, vous vous essuyez placidement les lèvres et vous vous dites : « Quel mal ai-je donc « fait? » Et quand un jour le prêtre appelé ou venu à votre lit de mort, veut vous réconcilier avec Dieu, vous vous écriez fièrement : « A quoi « bon ? Moi, je suis un honnête homme, car je « n'ai ni tué ni volé ! »

« Je veux bien croire que vous n'avez point commis de ces actes qui vous puissent conduire en Cour d'assises sous l'inculpation de vol ou d'assassinat ! Je veux bien croire que les lois pénales humaines soient pour vous de nul effet, quoiqu'il y ait peut-être dans votre vie de ces actes qui ne sont ni des meurtres, ni des vols, mais que la sagesse du législateur a prévus comme délits infamants et punis comme tels, et avec raison. Je veux bien tout cela. Mais comptez-vous donc pour rien les lois de Dieu ? Vous n'avez ni tué ni volé. Qu'avez-vous fait, dites-moi, en infiltrant peu à peu, par vos paroles et vos exemples pervers le mal dans l'âme de cet enfant? Vous l'avez empoisonnée. Est-ce un meurtre que de tuer l'âme d'un enfant ? Qu'avez-vous fait, dites-moi, en détournant à votre profit égoïste, de son véritable but, une affection qui ne vous appartient pas? Est-ce un vol cela?

« On dit, de par le monde, et c'est juste, que

donner un soufflet à une femme, c'est d'un lâche. J'aimerais mieux, pour la pauvre femme, qu'elle portât sur sa joue la trace brutale de votre main, qu'en son cœur le souvenir dissolvant de vos paroles tout au moins équivoques qui, à ses moments d'ennui ou de découragement y soulèveront des tempêtes.

« Et vous osez soutenir que vous respectez et la femme et l'enfant. »

Ainsi ai-je parlé, Monsieur, à mes auditeurs. Et comme vous, j'insiste sur ce point.

Dieu a traité l'homme avec le plus grand respect; il lui a donné une âme vivante et immortelle, créée à son image et ressemblance, et l'a placé très peu au-dessous des anges. Mais l'homme, parfois, ne comprend point ce qu'il y a pour lui de grand à ce degré d'honneur : il aspire à descendre et à se ravaler à la bassesse des animaux, auxquels n'est point départie l'intelligence. Parvenu au fond de l'abjection, il s'écrie :

> La science de l'homme est le mépris sans doute.
>
> . . . .
>
> Il n'existe qu'un être
> Que je puisse envier et constamment connaître,
> Sur qui mon jugement puisse au moins faire foi,
> Un seul, je le méprise; et cet être, c'est moi (1).

(1) A. de Musset, *Vœux stériles.*

Il semble qu'il ait un amer plaisir et un âpre orgueil à chanter ainsi son propre avilissement et sa propre honte. Il se venge du sort qui l'a fait fange, en se barbouillant lui-même de sa propre boue et en lui disant ainsi défiguré : « Je te défie de me mépriser plus que je me méprise moi-même (1). » Son âme s'est dégoûtée d'elle-même ; elle a rougi de sa céleste origine et s'est efforcée d'en éteindre jusqu'au dernier souvenir. Est-ce tout ? Non : se dégrader, c'est bien ; dégrader les autres, c'est mieux.

Il est, en effet, dans le monde une race d'hommes, qui paraissent s'être donné la terrible mission « de porter aux âmes, avec audace et impudeur, le scandale, le mensonge, la souillure, la violence, la trahison, le déshonneur, les larmes brûlantes, le désespoir (2). »

Frères de ces impies dont parle la Bible, il est des hommes qui, non contents d'avoir avili en eux l'esprit, le cœur et le corps, se sont écriés : « Tendons nos filets pour y prendre l'innocent : Comme l'enfer, dévorons-le tout vivant; comme l'abîme, engloutissons-le tout entier, » et qui n'ont pas de plus grande et infernale joie que de se dire : « Le voilà devenu

---

(1) Lamartine, *Cours familier de littérature.* Entr. XII, p. 505.

(2) L'abbé Henri Perreyve, *Disc. à la Sorbonne.*

l'un des nôtres : enfin, il est semblable à nous. »

Habiles à profiter de tout, ils spéculent sur « cette curiosité du mal, cette maladie infâme qui naît de tout contact impur (1) » et qui se développe par leur simple fréquentation ; ils jettent le trouble dans l'intelligence, pour arriver plus facilement à corrompre le cœur.

Qualifier cette conduite de manque de respect, c'est employer une expression trop peu énergique et rester en deçà de la triste réalité. Se faire une habitude de couvrir, devant des enfants ou des jeunes filles, de sarcasmes équivoques ou de quolibets orduriers ce qu'il y a de plus sacré dans la religion ou dans ses ministres, dans la famille ou dans ses membres, est-ce simplement un manque de respect?

Que dire de ceux qui, sans vergogne, s'en vont, le cœur léger, raconter à des enfants leurs bonnes fortunes passées et des histoires de coulisses où il est assez honteux déjà de s'être volontairement mêlé?

Y aura-t-il jamais assez de malédictions dans le cœur des pères et mères, dans le cœur de tous les gens de bien, pour les jeter sur la mémoire de ceux qui fournissent à des jeunes filles des journaux, des gravures, des livres où la religion est bafouée, où la morale la plus élé-

(1) A. de Musset, *Conf. d'un enfant du siècle.*

mentaire est insultée ou tournée en ridicule (1).

Que de jeunes filles n'a-t-on pas vues ainsi, en peu de temps perverties et flétries par des hommes tarés qui ne peuvent supporter la vue de la pureté parce qu'elle leur est, non seulement un reproche, mais un obstacle à la satisfaction de leurs bas et honteux instincts. Comme ce fameux baron huguenot qui forçait de pauvres enfants à blasphémer, par l'appât d'une pièce d'or, et leur cassait ensuite la tête d'un coup d'arquebuse, ils souillent les âmes avant de les tuer. C'est bien là, cette transformation de l'âme candide en serpent hideux qu'avec son pinceau étincelant, Dante nous décrit dans sa *Divine Comédie* (2).

Vous le voyez, je me joins à vous, Monsieur, pour jeter un anathème mérité à ces gens qui

(1) Il est à ma connaissance sur ce point des faits innommables. Un homme, entre autres, aux allures de grand seigneur, mais dans le fond, digne descendant du marquis de Sade d'ignoble mémoire, prêtait habituellement à la jeune fille d'un de ses amis les livres les plus obscènes. L'un d'eux, dont je ne citerai même pas le titre, imprimé en Belgique, — c'est tout dire, — racontait une intrigue qui, tout entière, se déroulait dans un lupanar. Il en arriva même à poser des questions auxquelles l'enfant fut forcée de répondre par écrit, et auprès desquelles le fameux *Examen de Flora*, qui circulait jadis dans les colléges de l'État et souleva la juste indignation des pères de famille, n'était qu'une mièvre berquinade. Dieu ait son âme!

(2) *L'Enfer*, chant XXV.

ne craignent pas *d'outrager le fruit à peine mûr, la fleur à peine éclose.*

Malheur donc, ajouterai-je avec le Christ, malheur à celui qui scandalise un seul de ces petits. Il vaudrait mieux pour lui qu'on lui attachât une meule de moulin au cou, et qu'on le précipitât au fond de la mer.

Heureusement, il n'y a pas sur la terre que cette race d'hommes maudits; il en est une autre, disait un jeune et brillant orateur (1) qui porte aux âmes le respect, l'amour, la lumière, la joie des choses pures, les affections immortelles, l'honneur, le courage pour ce monde et l'espérance pour l'autre.

Mourir avec la joie sacrée de savoir qu'on n'a jamais fait le moindre mal à une seule âme! Mourir avec la confiance de n'avoir jamais scandalisé un seul de ces petits! Mourir avec la certitude bienheureuse de n'avoir jamais profité d'une infirmité, abusé d'une pauvreté, trompé une ignorance; avec l'honneur de n'avoir jamais rencontré devant soi la faiblesse sacrée de la fille de Dieu que pour la respecter, la protéger et la défendre; mourir enfin en se disant qu'on n'a jamais étendu d'un pouce l'empire du mal sur la terre, mais qu'on a étendu, au contraire, les limites sacrées de l'empire du bien; qu'on

---

(1) L'abbé Henri Perreyre, *Disc. à la Sorbonne.*

a dépensé son esprit, ses années, sa fortune et ses forces, à soutenir le règne de la vérité et de la justice. Quelle joie, quelle consolation, quelle ferme assurance au milieu des ombres du dernier moment, quel honneur devant les hommes, quelle protection devant Dieu !

III

Du Respect dû à l'Ouvrier par son Maître.

Vous voudrez bien maintenant, Monsieur, que je me sépare totalement de vous, quand vous écrivez : *Je ne voudrais pas que l'on vînt dire, à propos de l'inférieur, qu'il a droit au respect du supérieur.* Si ce n'est là un paradoxe, ce doit être au moins une erreur, et vous vous en tenez sans doute à l'étroite définition que Duclos nous donne du respect. « Le respect n'est autre chose que l'aveu de la supériorité de quelqu'un (1). »

Or, qu'appelez-vous supériorité? Un homme ne m'est pas supérieur parce qu'il fut bercé sur les genoux d'une duchesse et qu'il possède cent mille livres de rente; un homme ne m'est pas inférieur parce que sa couche première fut une botte de paille et qu'il laboure la terre. La

(1) *Consid. sur les mœurs*, p. 14.

puissance que le premier doit au rang qu'il occupe parmi les autres, peut m'inspirer des sentiments de crainte, d'admiration et même d'étonnement, sans que j'éprouve intérieurement du respect pour sa personne. Je m'incline devant un grand, disait Fontenelle, mais mon esprit ne s'incline pas.

Pascal qui pourtant, vivait au XVIIe siècle, est plus radical encore. Ecoutez son raisonnement :

« Vous tenez, dites-vous, vos richesses de vos ancêtres ; mais n'est-ce pas par mille hasards que vos ancêtres les ont acquises et qu'ils les ont conservées? Mille autres, aussi habiles qu'eux, ou n'en ont pû acquérir, ou les ont perdues après les avoir acquises. Vous imaginez-vous aussi que ce soit par quelque voie naturelle que ces biens ont passé de vos ancêtres à vous? Cela n'est pas véritable. Cet ordre n'est fondé que sur la seule volonté des législateurs qui ont pû avoir de bonnes raisons, mais dont aucune n'est prise d'un droit naturel que vous ayez sur ces choses. S'il leur avait plu d'ordonner que ces biens, après avoir été possédés par les pères durant leur vie, retourneraient à la république après leur mort, vous n'auriez aucun sujet de vous en plaindre.

« Ainsi, tout le titre par lequel vous possédez votre bien n'est pas un titre de nature, mais d'un établissement humain. Un autre tour d'imagination dans ceux qui ont fait les lois vous aurait rendu pauvre; et ce n'est que cette rencontre du hasard qui vous a fait naître avec la fantaisie des lois favorables à votre égard, qui vous met en possession de tous ces biens.

« Votre âme et votre corps sont d'eux-mêmes indifférents à l'état de batelier ou à celui de duc; et il n'y a nul lien naturel qui les attache à une condition plutôt qu'à une autre.

« Que s'ensuit-il de là? Que vous devez avoir une double pensée; et que si vous agissez extérieurement avec les hommes selon votre rang, vous devez reconnaître, par une pensée plus cachée mais plus véritable, que vous n'avez rien naturellement au-dessus d'eux. Si la pensée publique vous élève au-dessus du commun des hommes, que l'autre vous abaisse et vous tienne dans une parfaite égalité avec tous les hommes; car c'est votre état naturel.

« Le peuple qui vous admire ne connaît pas peut-être ce secret. Il croit que la noblesse est une grandeur réelle, et il considère presque les grands comme étant d'une autre nature que les autres. Ne leur découvrez pas cette erreur, si vous voulez; mais n'abusez pas de cette élévation avec insolence, et surtout ne vous méconnaissez pas vous-même en croyant que votre être a quelque chose de plus élevé que celui des autres.

« Il y a dans le monde deux sortes de grandeurs; car il y a des grandeurs d'établissement et des grandeurs naturelles. Les grandeurs d'établissement dépendent de la volonté des hommes qui ont cru avec raison devoir honorer certains états et y attacher certains respects. Les dignités et la noblesse sont de ce genre. En un pays on honore les nobles, en l'autre les roturiers; en celui-ci les aînés, en cet autre les cadets. Pourquoi cela? Parce qu'il a plu aux hommes. La chose était différente avant l'établissement : après l'établissement elle devient juste, parce qu'il est injuste de la troubler.

« Les grandeurs naturelles sont celles qui sont indépendantes de la fantaisie des hommes, parce qu'elles consistent dans les qualités réelles et effectives de l'âme ou du corps, qui rendent l'une ou l'autre plus estimable, comme les sciences, la lumière de l'esprit, la vertu, la santé, la force.

« Nous devons quelque chose à l'une et à l'autre de ces grandeurs ; mais comme elles sont d'une nature différente, nous leur devons aussi différents respects. Aux grandeurs d'établissement, nous leur devons des respects d'établissement, c'est-à-dire certaines cérémonies extérieures qui doivent être néanmoins accompagnées, selon la raison, d'une reconnaissance intérieure de la justice de cet ordre, mais qui ne nous font pas concevoir quelque qualité réelle en ceux que nous honorons de cette sorte.

« Mais pour les respects naturels qui consistent dans l'estime, nous ne les devons qu'aux grandeurs naturelles; et nous devons au contraire le mépris et l'aversion aux qualités contraires à ces grandeurs naturelles. Il n'est pas nécessaire, parce que vous êtes duc, que je vous estime; mais il est nécessaire que je vous salue. Si vous êtes duc et honnête homme, je rendrai ce que je dois à l'une et à l'autre de ces qualités. Je ne vous refuserai point les cérémonies que mérite votre qualité de duc, ni l'estime que mérite celle d'honnête homme. Mais si vous étiez duc sans être honnête homme, je vous ferais encore justice; car en vous rendant les devoirs extérieurs que l'ordre des hommes a attachés à votre naissance, je ne manquerais pas d'avoir pour vous le mépris intérieur que mériterait la bassesse de votre esprit (1). »

Ce n'est point parce qu'un homme aura dans ses armes les bâtons des maréchaux de France, qu'il me sera supérieur, et que suivant la parole de Montaigne (2), se prétendant *logé*

(1) Pascal, *Discours sur la condition des grands.*
(2) *Essais*, liv. III, chap. VII.

quelques brasses au-dessus de Dieu en puissance et en souveraineté, il aura le droit de me refuser son respect parce qu'il me juge son inférieur.

On ne saurait approuver certaines déductions du grand penseur qui ne seraient plus de mise au XIXe siècle, mais si pour vous, le respect n'est que l'aveu d'une supériorité purement extérieure de rang, de naissance ou de fortune, je vous répondrai avec Mme de Genlis, d'accord sur ce point avec Pascal : « Le respect d'étiquette est le seul qu'on doive à la naissance (1). »

Evidemment alors, on ne dira pas à propos de l'inférieur, qu'il a droit au respect de son supérieur. Mais est-ce bien là la véritable notion du respect?

Non, me direz-vous : « J'entends par respect, la vénération, la déférence que l'on a pour quelqu'un, pour quelque chose, à cause de son excellence, de son caractère, de sa qualité, de son âge. » Ce sont là, en effet, vos paroles.

Vous avouez donc que le manœuvre qui travaille sous vos fenêtres — votre inférieur par position sociale — peut vous être supérieur par son âge, et avoir ainsi droit à votre respect.

---

(1) *Adèle et Théodore, ou Lettres sur l'Éducation*, t. I, p. 196.

Que saint Benoît Labre fût venu mendier à votre porte : vous l'auriez sans doute regardé d'un air protecteur, tout en lui faisant la charité ; inférieur lui aussi par position sociale, il vous eût été, comme à moi, supérieur par les qualités de son âme, et eût ainsi eu droit à votre respect. Je pourrais plus longtemps continuer cette énumération d'où il résulterait que nombre d'inférieurs auraient droit au respect de leurs supérieurs « à cause de leur excellence, de leur caractère, de leurs qualités, de leur âge. » Et je ne comprends pas pourquoi vous ajoutez ce qui suit :

« Si, pour que la société soit parfaite, il est nécessaire que l'égalité soit proclamée, tant pis, il faut en faire son deuil, car la société n'atteindra jamais à la perfection. Il faut des supériorités, quand ce ne serait que pour légitimer l'introduction du mot respect dans la langue française. »

Cette supériorité dont vous parlez, n'est donc pas une supériorité morale, mais bien une supériorité sociale, de rang, de naissance ou de fortune, les seules choses qui différencient les hommes dans la société. C'est d'ailleurs ce que vous dites, en propres termes : « Il faut que ce qui est au bas de l'échelle sociale respecte ce qui se trouve placé sur l'échelon supérieur. » Fort bien, Monsieur, à condition toutefois que ce qui se trouve sur l'échelon supérieur ne s'arroge pas le droit de cracher sur ce qui se trouve à l'échelon inférieur ; à condition toutefois que l'inférieur puisse compter sur le respect du supérieur. Ce que vous lui refusez ; et à tort, selon moi.

Car, Monsieur, le respect est l'aveu volontaire d'une dignité qui nous commande sans avoir besoin de nous donner aucun ordre ; il entre comme un condiment nécessaire dans tous les rapports des hommes entre eux, et l'affection la plus tendre n'en exclut pas l'expression, quelque tempérée qu'elle devienne entre ses mains (1). »

Or, cette dignité, si elle se trouve dans un homme qui m'est supérieur, se pourra tout aussi bien rencontrer dans un homme qui sera mon égal, ou même mon inférieur, comme position sociale.

Voilà pourquoi, j'admets, moi, et je ne suis pas le seul, que l'ouvrier a droit au respect de son supérieur ou de son patron, parce qu'il en est digne, en sa double qualité d'homme et de travailleur, et qu'il fut et sera toujours respecté

---

(1) Lacordaire, *34e Conf. de N.-D.* — Cf. Cette autre définition : « L'homme respectable est un homme vraiment digne de *respect*, c'est-à-dire, littéralement, digne qu'on se retourne pour le voir. » (Samuel Smiles.) (*Self-Help.*)

par l'Eglise catholique à qui vous ne refuserez pas une certaine autorité en la matière, elle qui fut appelée par un ennemi « la plus grande école du respect. »

Oui, l'ouvrier. l'inférieur a droit au respect de son supérieur, parce qu'il est homme.

« Croiriez-vous, disait-on un jour à Mirabeau, après la fameuse déclaration des droits de l'homme, qu'il y a des gens qui ont encore peine à avouer que nous sommes tous du même sang? — Sans doute, répondit le tribun, car il n'y a pas de vérité qu'il m'en coûte plus à croire que celle-là. » Eh oui! après dix-huit siècles de christianisme, après un siècle bientôt de révolutions, certains préjugés, certaines répugnances sont encore les mêmes. Et devant le pauvre, l'ouvrier, le petit, devant les races disgraciées qui remplissent une partie du monde, il est encore des gens dont l'orgueilleuse personnalité, que les révolutions ne corrigent pas, que le christianisme n'éclaire pas assez, éprouvent toujours les sentiments du fameux tribun. Et dans leur for intérieur, ils sont tentés de murmurer ce mot fameux par son ridicule : « L'homme ne commence qu'au baron. » Au-delà, au-dessous, pour eux, il n'y a plus rien que l'inconnu.

Trimalcion, dans le festin monstrueux qu'a imaginé Pétrone, entend prononcer le mot *pauper* et s'écrie avec étonnement : « *Quid est pauper?* — Un pauvre, qu'est-ce que cela? » En effet, la société païenne ne sut pas ce que c'était qu'un pauvre, et elle périt surtout par cette ignorance. A vrai dire, les deux derniers siècles de l'ancien régime — je parle ici des classes supérieures — ne surent pas ce qu'était le peuple. L'ouvrier? Qu'est-ce que cela? Et cette ignorance, inconnue de leurs ancêtres du moyen-âge, causa leur ruine.

Ne vous instruirez-vous donc pas de ces funestes exemples, vous qui pensez que l'ouvrier encore ne doit être rien? Sans prétendre avec Sieyès qu'il doit être tout, encore faudrait-il lui accorder d'être quelque chose, tout au moins votre égal et votre frère par la nature, et le respecter comme tel.

Le respect est descendu sur nous de Dieu même, qui nous a faits à son image. Et telle est la dignité qui réside dans la personne humaine, qu'elle lui donne une valeur inestimable et commande le respect partout où elle a mis son empreinte. Tout homme a donc droit au respect de ses semblables, et réciproquement il est obligé lui-même au respect à l'égard de chacun d'eux. Bien plus, si quelqu'un, par ses vices, se rend indigne d'estime ou de vénération, il y a encore, chez lui, l'humanité, dont il a au moins la figure et qui a toujours droit à un certain respect. A plus forte raison, les abaissements accidentels résultant des inégalités sociales ne pourront-ils pas le priver de ce respect que chacun lui doit — comme à vous et à moi, et pour les mêmes motifs.

M'attarder à ce point serait développer un lieu commun trop connu, quoique peut-être non admis par tous.

Serait-ce parce qu'il est assujetti au travail que l'inférieur n'a pas droit au respect du supérieur? Y a-t-il dans le travail quelque chose qui dégrade l'humanité?

C'était l'avis de Cicéron : « Tous les ouvriers forment une couche sociale sordide. Car, que peut-on chercher de noble dans un atelier ou dans une boutique (1). » Il n'y a guère que Voltaire pour avoir eu, dans nos temps modernes, des paroles aussi révoltantes à l'égard des ouvriers et des petits : « Le peuple sera toujours sot et barbare... Ce sont des bœufs auxquels il faut un aiguillon, un joug et du foin (2). » « J'entends, dit-il ailleurs, par peuple, la populace qui n'a que ses bras pour vivre (3). »

---

(1) Cicéron, *De off.*, liv. I, chap. XLII.
(2) Voltaire, *Lett. à Tabareau*, 3 février 1769.
(3) Voltaire, *Lett. à Damilaville*, 1er avril 1766.

Non, l'ouvrier n'est pas un animal; ce n'est pas non plus une machine.

L'une des maximes les plus en vogue dans l'économie politique rationaliste, et celle de toutes peut-être qui a contribué davantage à matérialiser la notion du travail, c'est que le travail est une marchandise comme toutes les autres, soumise purement et simplement aux lois de l'offre et de la demande.

Or, c'est là une erreur fondamentale. Que le résultat ou le produit du travail soit une marchandise, personne ne le conteste : cela est même de toute évidence. Mais ce qui n'est pas une marchandise au sens propre du mot, c'est le travail humain en lui-même, et moins encore le travailleur (1). Comme le disait à merveille Michel Chevalier, « l'industrie humaine n'est pas seulement un effort musculaire et une opération matérielle. » L'ouvrier est autre chose qu'un simple rouage de production dont on se

(1) Un économiste espagnol, Florès Estrada, a donné cette étrange définition : « Un ouvrier n'est autre chose qu'un capital fixe accumulé par le pays, qui l'a entretenu tout le temps nécessaire pour son apprentissage et l'entier développement de ses forces. Par rapport à la production de la richesse, on doit le considérer comme une machine, à la construction de laquelle on a employé un capital qui commence à être remboursé et à payer intérêt du moment qu'elle devient pour l'industrie un utile auxiliaire. » On se croirait à Rome au temps des esclaves !

bornerait à calculer la force et la durée, sans tenir compte de son caractère particulier ; il est autre chose qu'une machine de la force d'un demi-cheval, peut-être plus, peut-être moins, machine que l'on se contenterait d'alimenter avec du pain et de la viande au lieu de houille. C'est un être intelligent et moral que l'on emploie et envers lequel on se lie, non par un contrat de vente incompatible avec la dignité de la personne humaine, mais par un contrat de location impliquant l'usage, tout en excluant l'abus. Quelle différence, en effet, pourrait-on établir entre un propriétaire qui, dans un contrat de location, fait le sacrifice de la jouissance de sa maison en faveur d'un locataire, et l'ouvrier ou le domestique qui renonce à une partie de son libre arbitre ou de sa liberté en faveur d'un maître, d'après un contrat dans lequel le prix donné par l'un est l'équivalent, le dédommagement ou la compensation acceptée du sacrifice de l'indépendance momentanée de l'autre? Cet auxiliaire que l'on utilise ainsi comme cause instrumentale du produit industriel, a le droit d'être respecté dans toutes les conditions de sa nature spirituelle et corporelle.

Au fond même, avant ce contrat qui le lie, le travailleur est l'égal de celui qui l'emploie, car, à part les moments où la dure nécessité le pousse, où, suivant l'expression pittoresque de Raymond Brucker, il a faim à l'estomac de ses enfants, il se sent libre d'accepter ou de refuser; quand le contrat est conclu, il se regarde encore comme l'égal de l'autre partie avec qui il fait volontairement un échange de services; et même, quand il refuse de traiter, le prix ne lui convenant pas, il peut éprouver un certain sentiment de supériorité, à la pensée qu'on lui offre une somme d'argent et qu'il la repousse comme insuffisante.

Sa tâche achevée, quand vous avez donné à l'ouvrier, le salaire déterminé par le contrat, pour le travail qu'il a produit, vous n'êtes pas quitte envers lui. Il est *auteur*, puisqu'il a fait quelque chose, et tout auteur, toute *autorité* est digne et a droit au respect. Il y a dans sa fatigue, dans ses sueurs, quelque chose de lui-même qui reste impayé et ne saurait s'apprécier à prix d'argent. Vous ne pouvez reconnaître cela qu'en lui donnant quelque chose de vous-même, de votre cœur : aussi, en le payant, devez-vous lui dire : « Merci. » Il emporte donc avec lui un droit à votre reconnaissance : et la première expression de la gratitude, c'est le respect.

C'est de justice qu'il s'agit à tous ces points de vue, et non pas simplement d'humanité et de charité, parce que l'ouvrier, tout en s'appliquant à une tâche matérielle, est un agent moral, et que c'est sa personnalité tout entière qu'il apporte dans un contrat, où l'on ne peut pas faire abstraction de ses droits et de sa dignité d'homme, sans tomber dans l'arbitraire et dans l'injustice.

Parlant de la dignité du travail, Mgr Manning s'écrie : « Le travail est l'exercice honnête de l'activité de notre âme et de notre corps, pour notre propre bien et le bien d'autrui. Je dis honnête, car, c'est le seul qui mérite vraiment le nom de travail...

« J'arrive maintenant au travail corporel. L'on peut dire en un sens, qu'il est l'origine de toute chose, quoique l'intelligence doive le précéder et le guider. Le premier homme qui façonna un hameçon pour prendre un poisson, le premier homme qui construisit un piège pour prendre un oiseau, exerça une action mentale, avant que sa main réalisât le dessein qu'il avait conçu ; cela va de soi.

« De nos jours l'on est peut-être trop porté à déprécier le simple effort corporel, parce que notre travail est devenu plus habile et que notre industrie s'est faite scientifique. Néanmoins, dans le simple travail du corps il y a une véritable dignité. L'homme qui exerce honnêtement l'activité de son corps, pour son bien et pour le bien d'autrui, vit d'une existence digne et élevée, parce qu'il accomplit sa fonction providentielle, et tout homme qui remplit le rôle qui lui est destiné est dans un état de dignité.

« Tout travailleur honnête a donc droit au respect pour la dignité de sa condition... Je ne sais rien de moins justifié que la prétention de l'homme à être au-dessus de tous les autres intellectuellement et moralement. L'homme le plus abaissé sur la terre est celui qui estime que nul ne le dépasse. Un homme, au contraire, qui regarde avec complaisance le mérite partout où il le rencontre et qui a pour lui une honnête admiration, sans jalousie, sans envie, cet homme, à mon avis, est digne du nom de véritable travailleur (1). »

Exercice honnête de l'activité humaine, le travail est de plus un acte vertueux. On l'a dit avec une incontestable vérité : « Le but suprême du travail est la vertu, non la richesse (2). » Et la preuve, c'est que, pris en lui-même, le travail est déjà un acte vertueux ; il suppose une victoire de l'homme sur ses propres penchants ; il n'existe que par le triomphe du libre arbitre et de la raison sur les caprices et sur les ins-

---

(1) *Discours sur la dignité et les droits du travail*, 28 janvier 1874.

(2) F. le Play, *la Réforme sociale*, t. I, p. 240.

tincts sensuels. Dans cet ouvrier, courbé tout le jour sur une tâche ingrate et difficile vous ne voyez que la tension des muscles, et moi je vois la tension de la volonté; vous comptez les efforts du bras, moi je suppute l'effort bien autrement considérable d'un être libre qui se captive lui-même et se renferme dans un cercle étroit sans chercher à en sortir. Sans doute, il y a là une régularité, une précision, qui l'assimile presque, en apparence aux moteurs matériels. Mais avez-vous calculé les sacrifices intérieurs dont elle est le prix, les immolations continuelles qu'elle exige?

A cette dignité du travailleur, tirée de la notion rationnelle et philosophique du travail, vient s'ajouter celle qui rejaillit sur lui, du fait des services par lui rendus à la société.

L'école libérale d'économie politique, raisonne ainsi :

« Tous les individus également souverains, puisqu'ils possèdent tous également la justice souveraine, ont un droit égal à la jouissance, pourvu qu'ils prennent une part égale au travail, et cette condition se réalisera d'elle-même parmi des hommes qui, sentant leur dignité dans la dignité d'autrui, ne pourront avoir l'idée d'imposer à autrui un fardeau qu'ils ne porteraient pas eux-mêmes. De là cette théorie célèbre de la réciprocité et de la balance des services, que

Bastiat avait aperçue, mais dont il s'était gardé de tirer les dernières applications et qu'il repoussait, non sans quelque inconséquence, sous la forme égalitaire que Proudhon lui donnait. Proudhon la résume en ces termes : « La théorie de la justice humaine, dans laquelle la réciprocité de respect se convertit en réciprocité de services, a pour conséquence de plus en plus approchée l'égalité en toute chose. Aucune expérience ne démontre que les volontés et les intérêts ne puissent être balancés de telle sorte que la paix, une paix imperturbable, en soit le fruit et que la richesse devienne générale. La société est un vaste système de pondération dont le point de départ est la liberté, la loi, la justice; le résultat, une égalité de condition et de fortune de plus en plus approchée. »

Cette théorie est fausse. Non, la réciprocité de services ne doit pas avoir pour résultat final l'égalité : bien des obstacles s'y opposeront, ne serait-ce que l'inégalité d'intelligence et d'énergie qui créera toujours l'inégalité de condition. Toujours il y aura des petits et des grands, des inférieurs et des supérieurs.

Mais si la réciprocité de service ne peut être la source de l'égalité sociale, elle implique au moins l'égalité de dignité et par suite le respect mutuel.

« On a eu raison de dire, il y a longtemps,

écrit le chancelier d'Aguesseau (1) que Dieu a mis le nécessaire du pauvre entre les mains du riche. Mais il n'y est que pour en sortir : il ne peut y rester sans une espèce d'injustice, qui blesse non seulement la loi de la Providence, mais la nature même de mon être, qui le porte à se répandre au dehors et qui m'inspire de former une communication réciproque entre moi et les autres hommes, par les biens que je verse sur ceux qui en sont privés, et par ceux que je reçois d'eux à mon tour.

« En effet (et c'est une réflexion qui peut mettre cette vérité dans un plus grand jour), ce n'est pas seulement le riche qui a de quoi fournir aux besoins du pauvre, c'est le pauvre qui a aussi dans sa main ce qui manque au riche. L'un fait, pour ainsi dire, le fonds de cette société en argent, l'autre la sert peut-être encore plus utilement par son industrie ; ou, pour se servir d'une autre image, le premier fournit le prix, le second donne la marchandise ; et c'est par cette espèce d'échange que chacun trouve de quoi remplir ses besoins.

« On peut dire même, en un sens, que le riche est encore plus dépendant du pauvre que le pauvre ne l'est du riche. Quel est le prince, le souverain, l'homme puissant, quelque grand

(1) *Institution du droit public*, 1re partie.

qu'il soit, qui puisse seul se suffire à lui-même, et satisfaire également à tout ce que la nécessité exige, que la commodité demande, ou que la cupidité désire? Plus les riches et les puissants croient que leur fortune les met en état de suivre aveuglément les mouvements de leurs passions, plus, sans y faire réflexion, ils augmentent leur indigence. A des besoins réels ils en ajoutent d'imaginaires, éprouvant ainsi une espèce de pauvreté au milieu de l'abondance même : *Magnas inter opes inops;* ou, comme dit un autre poète : *semper inops quicumque cupit.* »

Cette pensée a été développée, dans une argumentation serrée, par Bastiat (1). Après avoir énuméré les nombreux services que l'homme, dans le courant d'une journée, reçoit de l'ouvrier, il ajoute : « Il est impossible de ne pas être frappé de la disproportion véritablement incommensurable qui existe entre les satisfactions que cet homme puise dans la société, et celles qu'il pourrait se donner s'il était réduit à ses propres forces. J'ose dire que dans une seule journée, il use de choses qu'il ne pourrait produire lui-même dans dix siècles. »

Or, un homme dont l'utilité est ainsi universellement reconnue, ne peut manquer d'avoir

---

(1) Harmonies économiques, *Organ. nat.*, chap. I.

un droit acquis à la reconnaissance et par suite au respect de celui qu'il sert. Voilà donc, ce me semble, une nouvelle raison de dire que l'inférieur a droit au respect du supérieur.

On a fait à cela, Monsieur, une objection fort spécieuse : « Vous nous parlez du respect que le supérieur doit à l'ouvrier, à cause de son travail ; mais si on ne le payait pas, l'ouvrier ne travaillerait pas. »

Soit : mais, ajouterais-je, si l'ouvrier ne travaille pas, le riche, quel qu'il soit, mourra de faim. Je ne vous rééditerai pas l'idée de saint Jean Chrysostôme, imaginant deux villes, dont l'une ne serait composée que de riches et l'autre que d'ouvriers, sans rapport entre eux. Examinant quelle serait la plus puissante, il conclut, et avec raison, pour la ville ouvrière, parce que l'autre, dit-il, tomberait par elle-même, ruinée de son opulence.

Eh! Qu'avons-nous besoin de fictions imaginaires? N'avons-nous pas sous les yeux la triste réalité.

Oui, si l'ouvrier ne travaille pas, le riche mourra de faim. Je ne parle pas ici de celui dont les capitaux centralisés et accumulés remplissent les coffres des banques. Combien ne voyons-nous pas aujourd'hui, de grandes et nobles familles obligées de restreindre leur train de maison. Et pourquoi? Parce que leurs richesses consistant en biens fonciers, ne leur rapportent plus rien : il leur est impossible de trouver des fermiers pour faire valoir ces terres qu'elles ne peuvent ou ne savent cultiver elles-mêmes.

L'ouvrier vous est donc utile, nécessaire, et le salaire que vous lui donnez comme fruit de son travail, ne vous dispense nullement de lui accorder votre respect, et parce qu'il vous rend service et parce qu'il vous est égal et également utile à la société.

Qui ne connaît ce dialogue de la Couronne et de la Sandale? « Souviens-toi que nous sommes sœurs et au service du même maître, disait la Sandale à sa compagne.

« — Moi, ta sœur, répliquait la Couronne indignée, et que fais-tu donc alors là-bas, dans la fange ou la poussière?

« — Ne le vois-tu pas? reprit la Sandale; je t'aide à rester en haut dans l'air pur et le soleil. »

Ne pourriez-vous nous faire la même réponse, humbles travailleurs, qui prenez à votre charge le labeur grossier afin de nous ménager le loisir nécessaire aux œuvres délicates et choisies? N'êtes-vous pas aussi les pieds de cette société dont les têtes vous méprisent? Ah! maudit soit l'orgueil humain qui a proportionné son estime à l'espèce de l'œuvre, et non à la vaillance de l'ouvrier ; qui a refusé l'égalité du respect à l'égal accomplissement du devoir ; qui a mis le modeste ou l'utile sous les pieds du brillant et du superflu, dédaignant le travailleur auquel on devait les moissons, pour glorifier l'artiste qui savait les peindre (1). »

Ah ! pourquoi donc se trouve-t-il des hommes hautains, à qui il répugne de voir un égal et un frère en dignité, dans l'ouvrier qui les sert ?

Vous avez entendu parler de la campagne de François Ier en Italie. Sienne devait être assiégée. L'armée du roi était affaiblie déjà, quand la pensée lui vint d'envoyer à son secours le brave Montluc, qui était de Gascogne.

Montluc part, livre bataille, fait le siège, est vainqueur. Le roi le vit revenir et lui dit : « Dites-moi, Montluc, comment avez-vous fait pour prendre la ville d'assaut ? » Et le soldat répondit : « Sire, je suis allé au marché et j'ai acheté un sac. J'y ai mis mon orgueil, ma vanité, mes passions, mes désirs d'intérêt et toutes mes humeurs de Gascon. Je l'ai fermé, je l'ai jeté à la rivière et je me suis rendu au siège plus fort, pour servir Dieu, ma patrie et mon roi. »

A ces hommes aussi, je dirai : Prenez votre orgueil, votre morgue, votre vanité, vos préju-

---

(1) Em. Souvestre, *Souvenirs d'un vieillard*, ch. II.

gés mal placés ; jetez-moi tout cela dans cette rivière du Temps, qui emporte dans son cours impétueux et irrésistible, tous les débris du passé. Il le faut, au nom du bon sens qui vous montre en l'ouvrier la dignité de l'homme et du travailleur ; il le faut, au nom de la Foi qui fait resplendir en lui la dignité du Christ.

IV

Du Respect témoigné à l'Ouvrier par l'Église Catholique.

L'Église, en effet, revêt l'ouvrier d'une dignité incomparable « et l'humble artisan, appuyé sur son outil, se sent enveloppé d'une illustration personnelle, d'un reflet qui vient de la tunique du Christ. Devant toutes les dignités humaines et les inégalités sociales, il comprend qu'il a une mission à remplir, et que c'est Dieu, qui, en l'envoyant ici-bas, lui a confié ce noble apostolat du travail, dans son infinie tendresse et son suprême amour (1). »

Dieu ne s'est pas contenté d'exécuter le grand œuvre de la création ; il a voulu y associer l'homme et donner ainsi à la condition du travailleur, sa noblesse et sa dignité. « Le travail

(1) Mgr Mermillod, *Discours à Sainte-Clotilde*, 23 février 1868.

manuel, en effet, dit Mgr Freppel, et c'est ce qui en fait la grandeur morale, le travail manuel est un acte religieux, par son caractère et par sa fin : car c'est une collaboration directe et active de l'homme avec Dieu dans l'œuvre de la création, avec l'Église, dans l'achèvement du monde surnaturel, du monde de la grâce et de la gloire. Honneur donc et respect à ce compagnon de Dieu, qui, dans le vaste atelier qu'on appelle la terre, travaille incessamment sous l'œil du divin Maître (1). »

Et quand les hommes dégradés eurent abaissé le travailleur au rang de l'animal, afin de faire cesser ces mépris superbes, Dieu dans son Christ, choisit pour lui-même la condition sur laquelle on les déversait. Né, en quelque sorte du travail, voué au travail dès son enfance, c'est avec cette livrée qu'il passe au milieu de nous, c'est par elle qu'il est connu et désigné dans la société humaine : « Celui-ci est l'ouvrier, fils de l'ouvrier. » Désormais il y aura du divin dans la tâche de l'homme, puisque les mêmes mains qui ont façonné le monde, n'auront pas craint de s'y consacrer pendant trente années entières.

De ce contact auguste, quelle grâce n'a pas rejailli sur la matière sur laquelle s'applique l'effort de l'ouvrier? O vous, hommes du labeur,

---

(1) *Discours* cité plus haut, p. 29.

enfants jusque-là déshérités de la grande famille, dont le cœur, comme dit l'Écriture, était humilié dans le travail : *Humiliatum est in laboribus cor eorum* (Ps. CVI, 12), voilà qu'on propose à l'adoration de tous un Dieu sorti de vos rangs et devenu votre égal. Vous ne vous plaindrez plus de votre sort, car la condition qui vous est faite, apparaît transfigurée dans l'atelier de Nazareth et se révèle à vous dans une gloire que nulle autre ne partage avec elle.

Je termine cette question de la dignité du travail par cette page du P. Lacordaire. L'éloquent orateur venant de définir la pauvreté « l'état d'un homme qui gagne laborieusement le strict nécessaire de la vie » (ce qui en somme est la définition du travail), continue en ces termes : « Or l'Évangile, Jésus-Christ a créé ici-bas le respect et l'amour de la pauvreté. Oui, Mes Frères, tandis que les hommes ne cherchent que leur fortune, le vrai chrétien, un grand nombre de chrétiens acceptent tranquillement leur sort et leur pauvreté, que le Christ a élevée à l'état d'une fonction et d'une dignité. Je suis pauvre, j'en suis content : mais remarquez-le, vous êtes obligés, et je parle de tous les pauvres dans ma personne, vous êtes obligés par le sentiment chrétien à respecter ma pauvreté. Je ne suis pas vil comme un plébéien grec ou romain, je suis sacré pour vous ; et si je ne suis pas sacré pour vous, vous n'êtes pas sacrés pour Dieu, vous êtes en dehors de Dieu, en dehors de l'Évangile et de Jésus-Christ. Je suis pauvre, et par cela seul que je suis pauvre, je suis digne de votre respect : car je ressemble à mon Maître et au vôtre qui est né pauvre, qui a vécu pauvre et qui est mort pauvre. Je porte le vêtement du Christ dans la pauvreté; je suis tout couvert du Christ, j'ai revêtu le Christ. Et si, quand je passe dans la rue avec mes haillons, vous laissez tomber de votre cœur, même tacitement, un seul regard de mépris, je suis consolé par le regard de Dieu qui tombe sur moi. Je plais à Dieu, qu'importe que je ne vous plaise pas? Cette pensée que vous avez contre moi est une malédiction qui pèsera sur vous (1). »

Et parce qu'il est homme, et parce que son travail honorable en lui-même est divinisé par le Christ, l'ouvrier a droit au respect de celui qui, dans l'échelle sociale, lui est supérieur.

Vous ne contesterez pas, Monsieur, que le Christianisme a toujours montré l'exemple du plus grand respect accordé aux humbles et aux petits.

Dans tout chrétien nourri des enseignements du Christ, la remarque est de M. de Laveleye,

---

(1) Lacordaire, *Sermon sur le pauvre selon le monde et l'Évangile.*

il y a quelques tendances socialistes, et, dans tout socialiste, fût-il profondément irréligieux, il y a une sorte de Christianisme inconscient. La vérité est, comme l'a fort bien démontré Ozanam (1), que le socialisme s'est emparé des vieilles et populaires idées de justice, de charité, de fraternité répandues dans le monde par l'Évangile, et qu'il en a fait en les outrant et en les dénaturant, des déclamations de clubs. On n'enlèvera pas pour cela au christianisme d'être la religion des déshérités : il a rassemblé sous son aile, les pauvres et les faibles, les femmes et les enfants, et les a enveloppés dans le cours des siècles, d'une protection, qui n'a pas épuisé tous ses effets et n'a pas dit son dernier mot.

« S'il est vrai de dire que l'Église a pour toutes les âmes une tendresse égale, il n'est pas moins certain qu'elle semble avoir un soin particulier de ceux de ses fils qui paraissent moins capables de se soutenir et de se gouverner par eux-mêmes, comme une mère, sans frustrer aucun de ses enfants des soins qu'elle leur doit, et en gardant à tous une affection égale, s'inquiète davantage de ceux qui souffrent et qui ont plus besoin de ses prévoyantes attentions (2). »

---

(1) *Les Origines du socialisme,* Œuvres complètes, t. VII.

(2) *L'Église et le Peuple,* lettre pastorale de Mgr l'évêque de Versailles, 1888.

L'Église est sortie du peuple, elle s'est recrutée dans le peuple, elle a adressé au peuple ses premiers enseignements, elle a rapporté au peuple ses premières sollicitudes, elle a fait de l'amour du peuple un des premiers points de sa doctrine.

Écoutez Mgr Freppel (1), résumer comment l'Église a toujours traité l'ouvrier avec le plus grand et respectueux honneur :

« Cet homme, nous l'avons trouvé, il y a dix-huit siècles, dans les chaînes de l'esclavage païen, ravalé au niveau de la brute, traité à l'égal d'une bête de somme, condamné par les philosophes, mis hors la loi par les législateurs, servant de jouet aux amusements féroces d'un public avide de sang et de spectacles, livré aux caprices d'un maître qui pouvait le tuer à plaisir et le jeter en pâture aux murènes pour la moindre faute, sans droit, sans force et sans dignité. Ainsi abandonné, vilipendé, écrasé, foulé aux pieds, nous l'avons pris dans nos bras et serré sur notre poitrine, nous l'avons déclaré solennellement, et à la face du monde entier, notre frère en Jésus-Christ, l'égal, devant Dieu, de tous les autres hommes. Malgré l'opinion, malgré les mœurs, malgré les lois, nous l'avons élevé à

---

(1) *Discours sur l'Œuvre des Cercles catholiques*, 30 avril 1876.

la dignité d'homme libre et de chrétien. Pour protéger sa vie et sa liberté, dans un temps où on ne respectait ni la liberté ni la vie, nos pontifes s'armaient de toute leur autorité, nos conciles lançaient l'anathème. Victime de l'injustice et de la violence, il trouvait un asile inviolable dans nos monastères et dans nos temples; captif, nous vendions jusqu'à nos vases sacrés pour le racheter. Tout le moyen-âge durant, nous avons fait à cet homme un rempart de nos doctrines, de nos lois et de nos vies. Nous prenions ses fils, au sein de l'humiliation, pour les sacrer de l'huile sainte, pour les élever, par la majesté du sacerdoce, au-dessus de toutes les grandeurs; et quand ils avaient du génie et des vertus, ils pouvaient, ces fils d'ouvriers, parvenir au premier trône du monde, et s'appeler un jour Grégoire VII ou Sixte V. Nous avons plaidé sa cause sous tous les régimes, alors que notre voix était encore écoutée; nous avons porté ses doléances devant tous les trônes; nous avons fait monter ses cris de détresse à l'oreille et au cœur de tous les peuples... Pour lui, nous avons suscité tous les dévouements, tous les sacrifices, tous les héroïsmes. Pas de prêtre qui prenne la parole, sans toucher à la situation de l'ouvrier. Pas de réunion de catholiques, sous quelque forme que ce soit, où l'on ne parle d'améliorer son sort, de pourvoir à ses besoins, de protéger ses intérêts. L'on me dira : du pain, des vêtements, un abri, c'est quelque chose sans doute ; mais l'honneur, la dignité, c'est encore plus. Eh bien! l'honneur? Qui donc, plus que l'Église, a honoré la condition du travailleur? Est-ce que les éloges les plus pompeux, les tirades les plus sonores, vaudront jamais pour la classe ouvrière l'honneur qui rejaillit sur elle de la maison de Nazareth, des souvenirs de l'Incarnation, de l'anoblissement du travail manuel par le Fils de Dieu lui-même? Est-ce qu'une médaille d'or ou de bronze sera jamais l'équivalent de la gloire dont Dieu a environné les corps de métiers, en plaçant sur ses autels, des artisans et des laboureurs, à côté des rois et des pontifes, pour montrer que le faîte de la grandeur morale peut se trouver derrière un métier, et que l'outil de l'artisan, non moins que le sceptre des princes, peut devenir le signe de l'honneur et l'instrument de la sainteté? »

Telle fut, depuis dix-neuf siècles, la conduite de l'Église catholique, assistée de l'Esprit de son divin Fondateur, elle a mis en pratique ces paroles tombées du ciel : « Bienheureux les pauvres... O vous qui travaillez et qui haletez sous le poids de la peine, venez, et je vous consolerai... Ce que vous ferez à un seul de ces petits, c'est à moi que vous le ferez! »

Dans l'ouvrier, dans le petit, dans le pauvre, elle a vu le Christ revêtant le travailleur, et elle l'a honoré.

Mais, direz-vous, ce n'est là que de la charité! Assurément, vous répondrai-je; mais ce n'est pas une charité d'orgueilleuse protection, c'est la charité qui découle du respect. Sans respect, en effet, il ne saurait y avoir d'amour véritable. Et le respect, ici, est basé sur la justice qui montre dans chaque homme une égale dignité.

« Mes Frères, écrivait l'apôtre saint Jacques, ne croyez pas, si vous faites acception des personnes, posséder la véritable foi en Notre-Seigneur Jésus-Christ. Car s'il vient dans votre assemblée un homme ayant un anneau d'or et un riche vêtement, qu'il y entre aussi un pauvre couvert d'un méchant habit, et, qu'arrêtant votre vue sur celui qui est splendidement vêtu, vous lui disiez: Asseyez-vous ici, à cette place honorable, tandis que vous direz au pauvre : Tenez-vous-là, debout, ou placez-vous sur l'escabeau auquel j'appuie mes pieds, ne jugez-vous pas en vous-mêmes et ne prenez-vous pas pour règle de vos jugements des pensées injustes? Écoutez, mes frères bien-aimés : Dieu n'a-t-il pas choisi les pauvres de ce monde pour les faire riches dans la foi, et devenir les héritiers de son royaume ? Vous, au contraire, vous avez déshonoré le pauvre... (1). »

Sans aucun doute, si l'apôtre tenait aujourd'hui ce langage, il pourrait recevoir l'injurieuse appellation de socialiste de la part de certains hommes, pour qui les délimitations de castes, basées sur je ne sais quelle différence de nature, font l'objet d'une théorie de droit divin. Parlez en faveur des ouvriers, vous serez un démagogue ; dans l'ami des pauvres et des petits, ils verront l'ennemi irréconciliable des riches et des grands ; dans l'avocat de la charité, un factieux. La chose même semble plus commune de nos jours : Le P. Lacordaire y dut être le premier en butte (2) ; et Mgr Mermillod ne put éviter ce reproche. Invité en effet à prêcher à Sainte-Clotilde (3), il y parla en faveur de l'ouvrier. Ses paroles courageuses excitèrent la colère des salons ; on l'accusa d'être socialiste, mais il s'en consola facilement, en se rappelant que Jean-Baptiste eut la mauvaise fortune de ne pas être agréable à la cour d'Hérode.

Aussi bien, le Christ lui-même fut accusé par

---

(1) *Jacob*, II, 5, 6.

(2) Il fut, en effet, accusé, le 30 décembre 1850, par un journal religieux *la Voix de la Vérité* d'avoir prêché à Châtillon-sur-Seine un sermon *socialiste*. On en trouve l'analyse dans ses œuvres. *Sermons*, t. II, p. 92.

(3) Le 23 février 1868.

les pharisiens de semer la discorde parmi le peuple et condamné à mort. Il est vrai que les pharisiens de ce temps n'aimaient pas plus que ceux de nos jours de s'entendre rappeler leurs devoirs à l'égard des publicains ou des prolétaires.

Mais l'Église n'a cure de ces criailleries : elle continue la mission de son chef, le Dieu Ouvrier, ami des petits et des humbles. Elle n'y faillira jamais, de nos jours surtout, parce que toute entière sortie du peuple, elle en comprend mieux encore les intérêts. De plus en plus, elle respectera le peuple, parce que le peuple s'est honoré en lui donnant ses enfants pour les élever au rang de ses ministres. Honneur que n'ont pas su ou voulu comprendre les classes appelées supérieures « qui envahissaient autrefois le sanctuaire, quand l'Église avait à leur donner d'abondants trésors, et qui fuient loin d'elle aujourd'hui, parce que, pauvre et dépouillée, elle n'a plus guère à leur offrir que les biens célestes (1). »

Éloignement coupable et ingrat auquel n'a point participé le peuple. Le clergé désormais est donc en grande partie tiré du peuple : « Et c'est du reste ce qui fait une partie de sa force, même humaine. D'ailleurs, le mouvement

(1) Mgr Dupanloup, *Lettre au clergé sur la rareté des vocations sacerdotales.*

démocratique, qui s'avance et chaque jour s'accentue, demande, pour le comprendre, et au besoin pour le diriger, un clergé sorti des classes populaires et noblement démocratique. Le curé de campagne, fils du laboureur ou du vigneron, est une des bases granitiques de l'Église, et, aujourd'hui plus que jamais, un des plus solides remparts de la société menacée (1). »

L'Église, qui environna l'ouvrier du plus grand respect, le regardant comme le Christ lui-même; qui l'aima dans le cours des siècles, comme on aime celui à qui on a rendu de nombreux services, ne saurait l'abandonner aujourd'hui qu'il devient de plus en plus son ami et son soutien et lui refuser ce respect affectueux que l'on doit à celui qui vous défend et qui vous aime. « Il y aurait un danger évident pour l'Église à perdre dans l'esprit du peuple le droit à être considérée comme l'amie du peuple. La logique du cœur populaire aboutit rapidement à une conclusion; elle serait à la fois pernicieuse pour le peuple et pour l'Église. Perdre le cœur du peuple serait pour elle un désastre que compenserait misérablement l'amitié de quelques riches et puissants (2). »

(1) Mgr Bougaud, *Le grand péril de l'Église au* XIXe *siècle*, chap. V.

(2) S. Ém. le cardinal Gibbons, archevêque de Baltimore, *Adresse à Sa Sainteté Léon XIII*, 1887.

Quel langage dans la bouche d'un prince de l'Église ! Et le cardinal Gibbons déclare solennellement s'inspirer des enseignements de Léon XIII. Ce langage, il faut bien le reconnaître, peut surprendre de prime abord, mais plus on réfléchit, plus on se persuade que c'est là le seul langage vrai et conforme à la mission et aux intérêts du peuple chrétien.

« Jusqu'ici, écrit Mgr Manning (1) résumant les arguments de Mgr Gibbons, jusqu'ici le monde a été gouverné par les dynasties ; désormais le Saint-Siège a à traiter avec le peuple, et avec des évêques en rapports étroits, quotidiens et personnels avec le peuple » Quel horizon ouvert devant l'Église ! Traitée en ennemie par les uns, méprisée par les autres, et abandonnée par les pouvoirs publics, l'Église ne pourra reconquérir sa liberté et rétablir son règne social, qu'en traitant avec le peuple et en s'affranchissant d'entraves qui souvent compromettent vis-à-vis des peuples son caractère et son action. « Reconnaître ce fait évident sera la force ; le négliger, ou ne pas l'apercevoir, ce serait tomber dans une confusion sans fin. »

Quelles paroles tombant d'une pareille bouche ! N'est-ce pas l'accomplissement de ces lignes

---

(1) Lettre relative aux chevaliers du travail et aux *Trades Unions*.

prophétiques : « Si les rois, se laissant pénétrer par l'élément païen, essentiellement despotique, renoncent à l'élément chrétien, essentiellement libéral, parce qu'il est tout charité, et ne veulent plus comprendre la doctrine de la liberté religieuse des peuples et de l'indépendance de l'Église, qui fit la sécurité et la gloire de leurs ancêtres, l'Église saura bien se passer d'eux : elle se tournera vers la démocratie, elle baptisera cette héroïne sauvage, elle la fera chrétienne ; elle imprimera sur son front le sceau de la consécration divine ; elle lui dira : Règne, et elle règnera. »

Qui donc, rompant en visière avec la théorie et la pratique de l'Église, oserait soutenir que l'inférieur n'a pas droit au respect du supérieur? Et s'il y a droit vraiment ; pourquoi ne pas hautement affirmer ce droit?

V

Du Respect dû à l'Ouvrier au XIXe siècle.

A ces raisons prises dans l'intime du sujet, et grandement appuyées par la doctrine et la conduite de l'Église catholique, il convient d'en ajouter une non moins sérieuse, tirée de la situation et des tendances actuelles des peuples. Ici, je le crains, Monsieur, vous allez m'accuser de vouloir que chacun *marche la tête en bas* et de faire *d'un peuple sensé, une nation d'acrobates*. Nullement : mais aux moins clairvoyants, il apparaît qu'à notre époque surtout, on sent et il faut dire *que l'inférieur a droit au respect du supérieur*.

« Le monde sera socialiste ou il ne sera pas » a dit Louis Veuillot, De quelque côté, en effet, que vous tourniez vos regards, vous verrez en ce moment, les hommes saisis par des pensées d'union, de coopération, de socialisme et de changements démocratiques. Les idées qu'éveillent ces mots frappent et fascinent la jeunesse: elles fermentent dans le peuple et cela indique bien qu'elles exerceront une grande influence sur la génération future. Quelle sera cette influence?

« Égal au riche pour déléguer des gouvernants à tous les degrés, l'ouvrier n'en demeure pas moins son inférieur dans la société. Ils ont bien l'un et l'autre les mêmes droits et les mêmes obligations, seulement toutes les jouissances de la vie sont pour le riche et tous les labeurs pour l'ouvrier. Quand il a payé le travailleur le moins cher possible, un propriétaire ne lui doit plus rien; mais le journalier lui, est obligé de travailler pour les plaisirs de ce propriétaire, car il faut vivre. Ce n'est pas là, certes, de l'égalité. Or, s'il vaut autant que le riche pour donner son vote, l'ouvrier se demande pourquoi leurs jouissances ne sont pas égales; si le propriétaire n'a pas de plus grandes responsabilités sociales que le prolétaire, pourquoi donc le propriétaire aurait-il en mains une plus grande puissance?

« C'est cette force, ce sont ces jouissances que l'ouvrier veut naturellement acquérir et qu'il réclame comme son bien; et il espère les obtenir, quand, par l'association et la solidarité des travailleurs, les maîtres et les patrons seront devenus inutiles; quand l'application progressive des doctrines collectivistes aura détruit la prépondérance surannée du capitaliste et du bourgeois dans la société (1). »

Comment nier la justesse de ce raisonnement? Comment arrêter le mouvement communiste qui s'impose par la force même de la situation? Les aspirations des ouvriers sont logiques, et c'est le bon sens même qui leur fait réclamer les conséquences de cette souveraineté qu'ils possèdent et dont les autres profitent. « Si nous sommes, disent-ils, les égaux des riches, nous voulons une place égale à la leur dans ce banquet de la vie que nous préparons et que les riches consomment. » Et ils ajoutent : « C'est aux riches de se serrer pour nous faire asseoir ; sinon, par notre nombre, nous sommes les maîtres, et nous saurons bien prendre ce qui nous appartient. »

Nous ne pouvons songer à engager la lutte contre les vices et les désordres de la société révolutionnaire, en répudiant les conditions de liberté et d'égalité civiles sous lesquelles nous vivons depuis longtemps déjà, et qui n'ont en elles-mêmes rien de révolutionnaire. Les peuples modernes y sont parvenus par un travail social, poursuivi durant des siècles avec

(1) *Discours du comte Yvert*, Congrès catholique de Grenoble, 1888.

l'aide de l'Eglise et de la royauté chrétienne. Elles sont la loi de notre époque, comme les engagements perpétuels et les restrictions à la liberté du travail furent la loi d'un autre temps.

D'un autre côté, ce serait folie de se tenir à l'écart de ce mouvement, parce que l'impulsion part principalement d'hommes hostiles à l'ancienne société et au christianisme. L'air conserve ses propriétés, quoique l'impie le respire, et le pain que nous mangeons n'est pas moins la nourriture que Dieu nous donne quoique pétri par un boulanger incrédule ou socialiste. « Assurément — et j'emprunte ici les paroles de M. Wœste, député à la Chambre belge — assurément le socialisme recèle dans ses flancs bien des dangers ; car, pour ses meneurs, pour ses promoteurs, il comprend tout un programme politique et religieux qui ne tend à rien moins qu'à la destruction de la vieille société et à l'édification sur ses ruines d'une société nouvelle. Mais, pour le grand nombre, pour la masse, le socialisme n'est autre chose que l'amélioration de la situation matérielle de l'ouvrier ; c'est, en d'autres termes, le bien-être substitué à la gêne et à la misère.

« Pendant longtemps, l'ouvrier n'éprouvait pas ce besoin. Il acceptait son sort, il s'y résignait : l'organisation ancienne du travail lui fournissait du reste des compensations. Il levait les yeux vers le ciel, il espérait dans l'autre monde une existence meilleure. Aujourd'hui, le peuple veut à son tour participer au banquet de la vie, et, quand ce désir, ce besoin, cette passion s'est emparée du cœur des masses, c'est comme un feu qui gagne de proche en proche et qu'il est malaisé de maîtriser.

« Tout n'est pas illégitime dans cette aspiration. Les masses désirent plus de bien-être moral et matériel, et comment le leur refuser quand on songe que la Providence a répandu libéralement ses biens dans le monde, avec la pensée manifeste d'en faire jouir tous ses enfants à un certain degré.

« On dira que c'est là ce que veut la démocratie. Ne nous laissons pas effrayer par un mot. C'est le christianisme qui a proclamé l'égalité devant Dieu.

« Quand donc les classes laborieuses réclament leur place au soleil, leur revendication est légitime. Du reste elles représentent à notre époque des intérêts considérables qui sont l'un des facteurs de la prospérité publique.

« Mais c'est la fausse démocratie qu'il faut combattre. S'emparer de ces élans et les tourner vers le bien — aux classes supérieures de le faire — comment y arriver si elles gardent leur morgue de jadis (1). »

Il n'est pas jusqu'à la charité, qui dans ce mouvement général des idées ne doive se soumettre à une transformation nouvelle. Il y a, dit Ozanam (2), deux sortes d'assistance ou de charité : l'assistance qui humilie et celle qui honore. L'assistance humilie, si elle n'a rien de réciproque, si vous ne portez à vos frères qu'un morceau de pain, une vêtement, un poignée de paille que vous n'aurez probablement jamais à leur demander, si vous les mettez dans la nécessité douloureuse pour un cœur bien fait de recevoir sans rendre ; si, en nourrissant ceux qui souffrent, vous ne semblez occupé que d'étouffer des plaintes qui attristent le séjour d'une grande ville, ou de conjurer les périls qui en menacent le repos.

L'assistance honore quand elle joint au pain qui nourrit la visite qui console, le conseil qui éclaire, le serrement de main qui relève le courage abattu ; quand elle traite le pauvre avec respect, non seulement comme un égal, mais comme un supérieur, puisqu'il souffre ce que peut-être nous ne souffririons pas, puis-

---

(1) Discours au Congrès de Liège tenu en 1887 sous la présidence de Mgr Langénieux, cardinal-archevêque de Reims, et de Mgr Doutreloux, évêque de Liège.

(2) Article de l'*Ère nouvelle*, octobre 1848.

qu'il est parmi nous comme un envoyé de Dieu pour éprouver notre justice et notre charité, et nous sauver par nos œuvres.

Alors l'assistance devient honorable parce qu'elle peut devenir mutuelle, parce que tout homme qui donne une parole, un avis, une consolation aujourd'hui, peut avoir besoin d'une parole, d'un avis, d'une consolation demain, parce que la main que vous serrez serre la vôtre à son tour, parce que cette famille indigente que vous aurez aimée vous aimera, et qu'elle se sera plus qu'acquittée quand ce vieillard, cette pieuse mère de famille, ces petits enfants, auront prié pour vous.

Sous les autres gouvernements, lorsque la hiérarchie sociale consacrait d'immenses différences entre les hommes et agrandissait encore la distance naturelle qui les sépare, la charité, se pliant pour faire le bien aux conditions de chaque époque, se présentait aux pauvres sous la forme de la tutelle et de la protection. Aujourd'hui, sous le régime de l'égalité, elle modifie ses moyens sans changer de but, et accepte avec joie le progrès. Ce n'est plus une protectrice qui, du haut de sa position et de sa fortune, tend la main à ceux qui sont au-dessous, et descend par moments jusqu'aux profondeurs de leur obscurité et de leurs misères; c'est une sœur intelligente et dévouée qui entre dans la famille du pauvre, lui apporte ce qui lui manque de soin, de capacité et de ressources, partage ses intérêts, vit avec ses souffrances et ne se distingue du plus humble et du plus petit que par la supériorité de l'affection et du dévouement.

Aujourd'hui, en effet, les ouvriers et les petits sont à un tel point aigris, que c'est moins comme un acte de générosité que comme acquittement d'une dette de leurs maîtres envers eux, qu'ils acceptent les dons, absolument comme ce villageois des *Paysans* de Balzac, qui, parlant des inépuisables bontés des habitants du château, ne trouve rien autre chose à en dire que : *Ça ne leur coûte rien!*

Leur accorder autre chose qu'un morceau de pain ou une pièce d'argent, les traiter avec un salut respectueux plutôt qu'avec un salut protecteur, opèrerait un revirement tout à l'avantage des patrons ou des maîtres, parce que les ouvriers alors comprendraient que les maîtres leur donnent quelque chose d'eux-mêmes, et que donner quelque chose de soi, *cela coûte toujours*, surtout quand ce don ou ce sacrifice est l'abdication de sa fierté.

« L'ouvrier ne veut guère d'aumône qui l'humilie, dit Mgr Mermillod, de patronage qui le soutienne ; il a ses livres, sa presse, ses relations universelles ; il a par delà les formes publiques de notre organisation sociale, ses sociétés secrètes, véritable confédération internationale de la haine; pour lui, il n'y a ni Océan, ni Pyrénées, ni Alpes, il ne veut pas se confiner dans un étroit patriotisme national, il est fasciné par les termes magiques *d'avènement de la justice, de règne humanitaire, de solidarité générale*; il déplace les idées généreuses de l'Église, il emprunte au christianisme ses nobles et saintes aspirations; mais, en les enlevant au sol qui les a produites, à la carrière sacrée d'où elles sont extraites, il n'en fait plus que des blocs erratiques de la vérité, les erreurs terribles du socialisme, et non plus les clartés bénies et fécondes du soleil chrétien.

« Ne m'accusez pas d'exagération, il est inutile de détourner les yeux de l'abîme; ce ne serait ni le fermer, ni le fuir! Les périls ne sont pas conjurés par de volontaires aveuglements; regardons sans terreurs et sans de trop inquiètes alarmes cet état que les idées, les mœurs et les progrès font à notre temps. Ce mouvement des classes ouvrières nous apparaît comme un torrent qui descend des montagnes; il peut tout détruire sur son passage, semer la ruine dans nos vallées; mais ce doit être l'honneur de la sainte Église catholique d'aller à ces forces, de leur créer des digues, de canaliser ces flots impétueux et d'en faire, au XIXe siècle, un fleuve puissant et fécond. »

L'Évêque conclut en disant quelle doit être la part des classes élevées dans cette œuvre de restauration sociale. Si les classes élevées prennent le parti de la résistance, elles seront brisées et emportées dans un suprême désastre par la force irrésistible du courant, et si elles se réfugient dans une coupable, dans une lâche abstention, elles seront couvertes par les flots. « Reste donc la direction... Oui, c'est là votre devoir ; dans les temps qui ne sont point encore loin de nous, nos pères donnaient une noble acception à ce mot de *service* qui, autrefois, voulait dire servitude, et qui est devenu synonyme de bienfait. Sous l'inspiration de la foi, on se faisait honneur de *servir*, on comprenait les notions chrétiennes, du travail et les obligations du dévouement. »

Entre les classes élevées et les travailleurs, il y a des malentendus, des défiances ; il ne faut pas les accroître ; il faut, au contraire, les dissiper ; il faut abaisser les montagnes, combler les vallées, faire disparaître les abîmes par l'amour et le respect.

« Donc, le premier devoir des classes élevées *est d'accepter la situation telle qu'elle se présente et de la voir dans toute sa réalité, de l'étudier franchement avec le secours des idées chrétiennes.* »

Depuis plus de quatre-vingts ans, les avertissements se sont multipliés sous toutes les formes. L'Église qui n'est inféodée à aucun parti politique, à aucune forme de gouvernement; qui, malgré les accusations de ses ennemis, n'a jamais désiré l'alliance du trône et de l'autel, parce qu'elle sait fort bien que l'autel, dans ce cas, sert toujours d'escabeau au trône, et le prêtre d'esclave au roi; l'Église qui n'a qu'un but le bien et la paix des peuples, ainsi que le salut des âmes, l'Église n'a cessé d'élever la voix. Les Papes n'ont pas discontinué d'en appeler aux classes qui, dans les différents pays du monde, devraient constituer les classes dirigeantes, pour les supplier, au nom de Dieu et de la Patrie, de se pencher vers le peuple. Aussi bien l'ouvrier s'est éloigné des pratiques religieuses autant que des anciennes traditions des ateliers prospères, pour creuser entre le travailleur et le patron un menaçant abîme.

Cette voix n'a pas été comprise.

Je me trompe. On est convenu de diviser la société en classe supérieure et en classe inférieure : la première peut à son tour se subdiviser. Nous aurons d'abord les grandes familles, celles que jadis on appelait la classe dirigeante, et que l'on veut continuer de dénommer ainsi, quoiqu'elle ne dirige plus rien. Mgr Dupanloup les définit ainsi (1) :

---

(1) *De l'Éducation*, t. I, liv. IV, chap. IV.

« J'appelle grande famille, grande race, grand nom, ces familles, ces races, ces noms, que de mémorables services rendus au pays, à quelque époque que ce soit, ont fait historiques, qui ont conquis leur illustration par la gloire des armes dans les camps ; par leur habileté dans les hautes négociations et dans le maniement des affaires politiques, et, par l'éclat des talents et quelquefois du génie, dans les sciences, dans les lettres ; enfin, dans la magistrature ou dans l'Église, par la sainteté des mœurs et la grandeur du caractère. »

Entre la noblesse et le peuple ouvrier, s'est, depuis un siècle surtout, intercalée une classe intermédiaire, qui menace de se substituer à la première, et qui a nom : la bourgeoisie. La noblesse, toujours entichée de son passé, s'y confine, et à force de s'y confiner, elle ignore le présent. Arriérée par sa faute et volontairement aveuglée, souvent incapable pour n'avoir rien voulu apprendre ni rien oublier, elle est dépassée par la bourgeoisie active, éclairée et industrieuse. La noblesse perd ses biens et son influence, la bourgeoisie fait fortune et gouverne.

Il le faut bien avouer, cependant, élevée au-dessus de cette classe ouvrière qui lui donna naissance, la bourgeoisie l'oublia quelque peu, et forma la couche hautaine des *parvenus*. Honnie des nobles dont elle enlevait l'influence, enviée des petits qu'elle méprisait, elle était menacée à son tour de sombrer dans une révolution nouvelle. A la lueur du pétrole qui éclairait l'avenir d'un jour blafard, elle a vu clair : elle s'est dit ; « L'ouvrier demande le partage des biens, je l'admettrai en société avec moi dans mes affaires, il participera à mes bénéfices; il veut à tout prix former des associations, s'il n'en trouve pas de légales, il en établira d'occultes et de secrètes, je fonderai pour lui des patronages, des syndicats, des sociétés coopératives. »

D'un autre côté, plusieurs industriels philanthropes, ont vu leurs ouvriers refuser dédaigneusement les secours qu'ils leur pouvaient offrir en temps de chômage ou de maladie. « Ni Dieu, ni maître, » criait-on en effet, et les ouvriers ne voulaient rien recevoir des mains des patrons, qui ressemblât à une gracieuseté ou à une charité. Ces derniers, alors, ont cherché à éviter de donner à leurs initiatives généreuses, un caractère exclusivement personnel et à les réaliser sous une forme coopérative. De la sorte, leur action se fond dans une action commune ; et grâce à cette transformation, elle est plus facilement acceptée, et conserve son énergie bienfaisante.

Dans bien des pays, sous une forme ou sous une autre, les ouvriers sont devenus les cosociétaires de leurs patrons (1). Parmi ceux-ci, les uns y voient avant tout, comme M. Laroche-Joubert, une opération avantageuse pour les deux parties ; d'autres, avec M. le Marquis de Vogüé, y voient, pour le patron, un devoir accompli.

Mais, me direz-vous Monsieur, quel rapport y a-t-il entre ces tendances et le respect que le supérieur doit à l'inférieur ?

Attendez ! qui ne voit, en effet, que de ces simples relations d'affaires doit résulter un moins grand intervalle entre les deux classes ? Le maître, admettant son ouvrier à l'égalité proportionnelle de ses bénéfices, le considère non plus comme un instrument mécanique que l'on emploie tant et autant qu'il est nécessaire, et que l'on rejette impitoyablement dès qu'il est usé et qu'on n'en a plus besoin, non plus même comme un simple ouvrier qu'il paye, mais comme un égal, à qui par suite il doit rendre, avec les comptes de la gérance, le respect dû à un égal : l'ouvrier ne voit plus dans son patron un maître rigide qui spécule sur son travail, mais un ouvrier comme lui, plus intelligent si vous le voulez, qu'il a jugé

---

(1) Ainsi au *Bon Marché ;* dans la fabrique de papier de M. Laroche-Joubert à Angoulême ; dans la fonderie Godin, à Guise et dans cent autres.

digne de sauvegarder ses intérêts et qu'il vénère et respecte comme tel.

Tant pis, direz-vous, s'il faut que l'égalité soit ainsi proclamée! Tant mieux, vous répondrai-je, parce que cette façon continuelle d'agir devenant générale, évitera bien des chômages, bien des grèves et par suite, bien des émeutes et des révolutions (1).

Car il ne faut pas croire que l'ouvrier soit, de nature, porté aux renversements politiques et sociaux; au fond l'ouvrier est calme; il ne demande qu'une chose, le travail et une vie honnête. Ce n'est que sous la pression des meneurs socialistes, de journalistes ou bureaucrates gagés, qu'il sort de sa tranquillité: quand il aura ses petits capitaux engagés dans l'usine de son patron, il y regardera à deux fois avant d'en casser les machines ou d'y mettre le feu (2). Ce ne sont point là rêveries

---

(1) Voir dans la *Réforme sociale* (2e année, t. III, p. 163) le compte-rendu d'un meeting où les ouvriers eux-mêmes disent que les grèves, bien souvent, éclatent par suite du manque de relations entre l'ouvrier et le patron.

(2) « Aujourd'hui, par les rapports tendus qui existent entre les ouvriers et les patrons, l'état de salarié c'est l'état révolutionnaire en permanence. L'antagonisme qui règne entre les représentants des deux fractions du produit est un fait brutal, indéniable, qu'il importe de neutraliser dans ses effets dangereux. » La coopération serait le remède le plus efficace, car les ouvriers les plus remuants,

d'utopiste. Car voici que de grands propriétaires chrétiens se sont levés, et déjà ils forment une légion qui, dans ces principes d'intérêt humanitaires, ont infusé cet arôme de la religion qui conserve toutes choses. Ils n'ont pas craint eux, d'affirmer hautement, et devant leurs ouvriers, par leurs paroles et leurs exemples, que les maîtres devaient se mêler toujours aux ouvriers et avoir pour eux le plus grand respect, ils l'ont fait, parce que c'est leur devoir et leur intérêt.

« Ne nous lassons pas, dit M. Harmel, de rappeler les devoirs des supérieurs envers leurs inférieurs, des patrons envers leurs ouvriers ; ce sont là des obligations absolument rigoureuses, sans lesquelles il est impossible de se sauver.

« Le riche a plus besoin du pauvre, que celui-ci du riche. Lazare a pu monter seul dans

---

« ceux qui ressentent le plus grand besoin de liberté, qui ont le plus d'énergie et le plus d'ambition, et qui sont presque tous, dans les rangs des salariés, sinon les promoteurs, au moins — ce qui est plus grave — les organisateurs de la grève », ceux-là deviennent par le fait de la coopération de véritables patrons, — des bourgeois, — et trouvent dans une certaine mesure un fructueux emploi de leur intelligence et de leur activité.

Le Travail en France, — Monographies professionnelles, par J. Barberet, chef du bureau des Sociétés professionnelles au ministère de l'intérieur. Paris, Berger-Levrault, t. I et II, 2 vol. in-8°.

le sein d'Abraham, tandis que le riche avait besoin de Lazare pour se sauver.

« Ne soyez pas étonnés de rencontrer, chez l'ouvrier, une défiance instinctive, qui ne se laissera vaincre que par la persévérance et le dévouement. Pour vous comprendre, il aura besoin de sentir souvent votre cœur contre le sien ; pour apprécier vos institutions, pour aimer vos associations, il aura besoin d'être intimement mêlé à leur fonctionnement, afin d'en toucher pour ainsi dire du doigt, le but et les moyens. Quel bien pourrez-vous faire à l'ouvrier, tant qu'il ne sera pas convaincu de votre désintéressement, de l'utilité pratique de vos œuvres pour son bonheur et celui de sa famille (1). »

« Le travailleur, dit un autre industriel, n'est pas pour moi un élément social particulier, qui a besoin d'être traité d'une manière particulière : pour moi, c'est un homme comme moi-même, comme tous les autres. Le travailleur tient aussi à cette égalité. Il ne veut pas dans les institutions philanthropiques, être considéré comme un numéro ; il veut sentir la main d'un autre dans la sienne ; il veut que, pour tout ce qui lui arrive, le cœur de son prochain batte à l'unisson du sien. Dans les fabriques des villes,

(1) M. L. Harmel, propriétaire de l'usine du Val-des-Bois (Marne), discours au Congrès de Grenoble, 1880.

on fait souvent beaucoup pour les travailleurs sans que ceux-ci en montrent la moindre reconnaissance, parce que les fabricants font de leurs bienfaits comme une muraille entre eux et leurs ouvriers, et ne se donnent pas eux-mêmes. Dans un autre endroit, les mêmes institutions de bienfaisance auront une grande action, parce que les travailleurs sentent dans toutes choses le cœur de leur chef....

« Il faut que le fabricant se mêle continuellement de sa personne aux travailleurs ; il ne faut pas qu'il soit considéré comme une puissance invisible, inaccessible, mais comme un homme aussi fragile qu'eux, qui se réjouit et souffre avec eux. Malheureusement, il n'en est pas ainsi dans bien des cas. Le maître et les travailleurs ne se connaissent pas, et ne communiquent que par des intermédiaires sans cœur, qui n'ont d'intelligence que pour le côté matériel des affaires. Il en résulte des situations très regrettables, dont profitent certains démagogues, ennemis du bonheur et de la paix de leurs semblables, pour augmenter la scission entre ceux que Dieu a cependant créés les uns pour les autres. Il faut que les ouvriers sentent à leur tête des personnes amies (1). »

---

(1) M. Diterlin, de Rothau (Vosges), discours au Congrès de Stuttgard, septembre 1869.

Telle est la doctrine développée dans tous ces congrès catholiques d'œuvres ouvrières dont les ramifications s'étendent dans le monde entier. Rapprocher l'ouvrier du patron par de plus grand égards de celui-ci envers son inférieur : voilà le mot d'ordre dicté par la nécessité des temps en même temps que par la logique des choses.

De là est venue cette idée de restaurer, sans rompre avec les habitudes de liberté et d'égalité civiles chères à notre âge, une association qui a fait la prospérité des âges précédents : la corporation, plus apte que le syndicat ouvrier où le patron n'a pas accès, à engendrer l'union et la paix (1).

« Dans la corporation chrétienne, dit M. Ch. Périn (2), maîtres et ouvriers, ayant appris à se connaître, trouveront aisément le moyen de s'entendre. Les ouvriers ne songeront pas à accuser l'avidité du maître qu'ils verront chaque

---

(1) « Qui ne voit que la constitution volontaire et réglée des corporations libres, deviendrait un des éléments les plus puissants de l'ordre et de l'harmonie sociale, et que ces corporations pourraient entrer dans l'organisation de la commune et dans les bases de l'électorat et du suffrage? Considération qui touche un des points les plus graves de la politique. »

(Comte de Chambord, lettre du 20 avril 1865.)

(2) Ch. Périn, professeur à la Faculté de droit de Louvain, discours au Congrès de Chartres, 1878.

jour occupé à les servir dans tous les offices de la charité. Le maître, de son côté, compatissant à la condition pénible de l'ouvrier, sera toujours prêt à faire pour lui tout ce qui ne sera pas impossible.

« L'entente que les syndicats ont vainement cherchée sous l'empire de l'esprit utilitaire et par les exigences d'une prétendue justice égalitaire, la corporation la trouvera, la réalisera par l'esprit d'abnégation, par le sentiment réciproque du devoir chez les grands et chez les petits, par la puissance de la mutuelle confiance et du mutuel respect sous la loi de la hiérarchie mutuelle du travail.

« Lorsque le patron et les ouvriers ne feront plus dans la corporation qu'une même famille ; lorsque l'ouvrier se trouvera lié à cette famille par toutes les attaches de l'ordre moral et de l'ordre matériel ; lorsqu'il se sentira retenu, non seulement par la charité intelligente, mais encore par les institutions qui lui rendent profitable sa fidélité au patron, par les combinaisons qui lui facilitent l'économie, qui le garantissent des accidents, qui lui procurent des secours dans ses détresses, alors on pourra espérer d'avoir trouvé le remède à l'instabilité des engagements, dénoncée, non sans raison, comme une des plaies de la société moderne. »

Et les maîtres seront les premiers à bénéficier de cet état de chose nouveau : ils obtiendront une plus grande fidélité de la part des ouvriers, en échange de ce respect à leur égard, que vous appelez une déchéance, voire même un abaissement, et qui n'est qu'une plus profonde intelligence de l'ouvrier et de ses besoins, du patron et de ses intérêts au XIXe siècle.

Ce que l'on demande aux classes élevées, en disant que « l'inférieur a droit au respect du supérieur » ce n'est pas de se rabaisser jusqu'à l'ouvrier, comme le prophète jadis se rapetissait à la taille du fils de la veuve, c'est au contraire de prendre l'ouvrier et de l'élever jusqu'à elles, en le jugeant — comme il l'est en effet — digne de leur considération et de leur respect. Car il y a, à proprement parler, deux sortes d'égalité : l'une qui tend à tout niveler en abaissant tout par l'envie, c'est la mauvaise ; et l'autre, la bonne, qui veut tout niveler en élevant tout par le respect.

Mais il faudrait pour cela, comme l'a dit M. Wœste, abandonner sa morgue de jadis, et se mêler davantage au « peuple que les classes élevées ont abandonné, après l'avoir perverti. » La parole est de M. A. de Mun, qui ajoute aussitôt après : « Ah ! les classes élevées ! leur responsabilité est lourde, écrasante, dans le drame qui remplit ce siècle de fer, ce n'est pas assez dire, dans les longues corruptions qui l'ont préparé ! Et je vous en conjure, vous qui en êtes, vous qui vous donnez cette mission glorieuse de réparer leurs erreurs, rompez, rompez sans retour avec les funestes illusions qui ont perdu notre patrie (1). »

Voilà ce que l'ancienne classe dirigeante — je parle ici d'une partie de la noblesse de rang et de sang — n'a pas encore suffisamment compris. Une des preuves les plus visibles de cette affirmation, c'est l'abandon qu'elle fait de ses propriétés rurales pour les plaisirs de la grande ville; abandon que le peuple regarde d'un œil mauvais, car il y voit un dédain méprisant pour sa vie pauvre et laborieuse. Ce ne sont pas, cependant, les avertissements qui lui ont manqué, de la part même de celui qu'elle considéra longtemps comme son véritable et unique chef, M. le comte de Chambord (2).

---

(1) A. de Mun, discours à l'assemblée générale de l'assemblée catholique de la Jeunesse française, mai 1887.

(2) Qu'on lise ces quelques extraits de sa correspondance. — Signalant le rôle perturbateur des *riches oisifs* : « C'est en renonçant à une vie oisive, dit-il, en travaillant au bien-être du peuple et en protégeant les intérêts du commerce et de l'industrie, que mes amis doivent chercher à dissiper les préventions qui pourraient encore exister et à reconquérir cette influence salutaire qu'ils sont naturellement appelés à exercer et qui peut devenir un jour si utile au pays. » (Lettre du 19 octobre 1846.)

Il condamne énergiquement l'absentéisme des grands propriétaires, dont les habitudes de résidence urbaine « por-

Oui, c'est en montrant au paysan, à l'ouvrier, qu'elle ne fait pas fi de lui et qu'elle le respecte, que la noblesse pourra reconquérir son antique influence.

Habitant ses terres, le propriétaire noble y remplit généralement les devoirs d'une autorité sociale. Quand il les abandonne pour chercher à Paris les distractions et les plaisirs, il ne paraît plus à ses paysans que comme un consommateur inutile. Ce seul fait explique pour une grande part, les haines furieuses qui éclatèrent au moment de la révolution. Les événements de cette époque sanglante en offrent encore une autre preuve; tandis que la noblesse est, dans d'autres parties de la France, traquée et égorgée; en Vendée, elle voit les paysans se grouper autour d'elle et lui demander de combattre avec eux la persécution révolutionnaire. C'est parce que, là, elle avait résisté à l'engouement général et continué de vivre dans ses modestes châteaux. Tandis que trop souvent, ailleurs, le seigneur n'était plus connu que par un intendant dur et hautain, dans la Vendée, il

tent un coup si funeste à la prospérité. » (Lettre du 12 mars 1866.) « Les séductions révolutionnaires, dit-il (14 janvier 1870), exercent surtout leurs ravages chez les populations délaissées par leurs protecteurs naturels. De rapides apparitions ne remplacent jamais l'affection dans les rapports, le désintéressement dans les services, la suite dans les conseils. »

était resté l'ami de tous les jours, le conseiller et le protecteur des paysans qui l'entouraient.

Il en sera de même aujourd'hui : « Les riches qui prendront leur résolution de vie champêtre, devront plus que jamais se faire accepter par nos populations rurales, conquérir leurs sympathies par de grandes qualités, par des bienfaits, des secours, des conseils, par l'autorité de la position, l'exemple d'une vie occupée, morale et chrétienne ; en un mot, ils doivent pratiquer dans leurs domaines la parole de l'Évangile : « Que celui d'entre vous qui veut « être le premier, soit le serviteur de tous. » Oui, alors, des sentiments honorables et bienveillants remplaceront, dans le cœur de nos villageois, la haine et l'envie dont ils sont animés envers les propriétaires, qu'ils ne connaissent que trop souvent par l'ostentation de leur luxe ou la rigueur de leurs exigences (1). »

Pour résumer cette question, je crois pouvoir dire que les deux classes qui forment les classes supérieures ou dirigeantes — la noblesse et la bourgeoisie industrielle ou commerciale — doivent respecter la classe inférieure — ouvriers ou paysans, — et cela non seulement parce qu'elle en est digne, mais encore parce qu'il y va de leurs plus chers intérêts.

---

(1) Baron Lafond de Saint-Mür, *la Terre natale*, p. 10.

VI

Du manque de Respect sont nées les Révolutions sociales.

Vous ne voulez donc pas, Monsieur, que l'on dise, à propos de l'inférieur, qu'il a droit au respect du supérieur; vous voulez « que l'on dise simplement que celui qui sait se respecter a droit au respect des autres », Et vous terminez ainsi votre article par la même pensée : « Dites donc, pour être dans le vrai, pour parler sainement, pour que tous vous comprennent et vous louent, dites aux inférieurs que, s'ils veulent attirer le respect, ils commencent par se respecter eux-mêmes, et qu'ils continuent en respectant ce qui doit être respecté; et le respect qu'ils pourraient avoir le droit d'obtenir leur viendra naturellement et par la force des choses. Ils l'auront conquis, et ne l'auront pas arraché. Tout par vertu, rien par force. »

Ainsi, vous basez le droit que l'on peut avoir au respect des autres sur le respect que l'on a pour soi-même et pour tout ce qui doit être respecté. Je suis de votre avis : il me semble cependant que « pour être dans le vrai, pour parler sainement », vous devriez adresser également aux supérieurs le conseil que vous donnez aux inférieurs. Eux seuls, d'après vous, ont droit au respect : donc qu'ils se respectent eux-mêmes et respectent les autres, s'ils veulent être respectés. Je tire simplement la conclusion de vos prémisses.

Et quand vous dites que « du manque de respect sont nées les révolutions chez les peuples », vous pensez, vous, que la faute première et principale en revient au peuple ; ce en quoi vous pouvez vous tromper. Je pense, moi, avec beaucoup d'autres, que, dans l'espèce, la responsabilité plus grande pèse sur les classes supérieures qui ne se sont pas respectées, en manquant à leurs devoirs, et qui n'ont pas respecté leurs inférieurs, en leur donnant l'exemple du manque de respect ; comme aussi bien souvent, dans les familles, si les enfants ou les domestiques en arrivent à manquer de respect à leurs parents ou à leurs maîtres, c'est que ceux-ci n'ont pas su sauvegarder leur dignité ou envers eux-mêmes ou à l'égard de leurs enfants ou de leurs domestiques ; dans ce sens, peut-on dire avec vous que « les révolutions dans la famille naissent également du manque de respect ».

Le respect, comme l'amour, descend plutôt qu'il ne monte, et les petits, qu'ils s'appellent le peuple, — car le peuple est l'enfant dans la société — ou qu'ils s'appellent, dans la famille, les enfants, imiteront toujours les grands. « Les inférieurs se conformeront petit à petit, dit le chancelier L'Hôpital, au naturel, mœurs et discipline d'un homme vertueux, n'y ayant rien de plus flexible, ductible et attrayant que la conformité de vie des petits avec les grands qui ont commandement sur eux... L'histoire du passé nous l'apprend, et l'expérience journalière nous le justifie, non seulement ez cités, mais encore ez maisons particulières, où nous recognoissons les domestiques de confiance au moule, règle et exemple du maistre et de la maistresse de la maison (1). »

Grands, vous vous plaignez que le peuple n'a plus pour vous ce respect que ses aïeux avaient pour vos ancêtres! Vous respectez-vous encore vous-mêmes? Avez-vous encore cette véritable dignité qui consiste dans le sentiment des convenances de son état, la correction de l'attitude, la noblesse des habitudes, la droiture, la délicatesse des sentiments et la loyauté des actes? N'affichez-vous pas, au contraire, cette

(1) *De la réformation de la justice*, t. 1, p. 23, édit. 1824.

dignité affectée et purement conventionnelle qui n'est qu'intermittente, qui, restant à la surface, s'évanouit à la première occasion? Avez-vous même encore, parfois, le respect du *decorum*? Que faites-vous?

Ouvrons un journal du boulevard, et jetons les yeux sur les nouvelles du grand monde. Cette lecture est plus instructive qu'elle ne paraît : on y apprend qu'une duchesse a donné un bal merveilleux, que plusieurs marquis sont en passe de devenir célèbres au tir aux pigeons de Monaco, ou peut-être à la roulette; on lit qu'un juif, encore tout crasseux hier, a pu réunir chez lui le dessus du panier de la société; enfin on acquiert la conviction raisonnée qu'une grande partie de l'aristocratie se distingue par un grand amour du plaisir et de l'oisiveté brillante.

Je veux que la valeur de ses aïeux antiques,
Ait fourni de matière aux plus vieilles chroniques,
Et que l'un des Capets, pour honorer leur nom,
Ait de trois fleurs de lis doté leur écusson.
Que sert ce vain amas d'une inutile gloire...
Si, tout sorti qu'il est d'une source divine,
Son cœur dément en lui sa superbe origine,
Et, n'ayant rien de grand qu'une sotte fierté,
S'endort dans une lâche et molle oisiveté (1)?

---

(1) Boileau, sat. V, *Sur la noblesse.*

Quand tout le monde travaille, ils ne font rien et ne veulent rien faire.

Je ne puis résister au désir de citer une page d'un prélat distingué auquel on ne peut refuser ni la noblesse du sang, ni la noblesse de l'intelligence. C'est un discours prononcé dans un collège où est précisément élevée, et avec le plus grand soin, la jeunesse de l'aristocratie et de la haute bourgeoisie (1).

« Vous serez donc bacheliers. Mais après? — Après, Monsieur, nous ne ferons rien, parce que dans ce temps-ci il n'y a rien à faire. Toutes les carrières nous sont fermées. Nous sommes dans l'opposition. Quand nous aurons un bon gouvernement, on sera trop heureux de nous prendre et nous serons de tout.

« Vraiment, vraiment? Voyons cela d'un peu plus près.

« Est-il exact de dire que la politique vous exclut aujourd'hui de toutes les carrières? Cela est vrai de la plupart des emplois jusqu'ici publics..... Il y a surtout cette grande carrière offerte dans une certaine mesure, imposée à tous aujourd'hui, la carrière militaire. Si c'est seulement la difficulté de forcer l'entrée des

(1) Mgr d'Hulst, discours à la distribution des prix de l'école libre de l'Immaculée-Conception de Vaugirard, Paris, 2 août 1886.

professions qui vous arrête, jeunes gens, voici une porte qui n'est verrouillée que pour les ignorants ou les pusillanimes. Je le sais, bon nombre de fils de famille se portent avec élan vers cette noble manière de servir le pays. Mais ici encore quelque chose me fait de la peine. Cet élan ne dure pas. Après cinq ou six ans, beaucoup se découragent et détachent leur épée. Pourquoi? Ah! j'ai peur de le deviner. Aujourd'hui l'armée travaille et les officiers doivent l'exemple du labeur. C'est une vie d'effort incessant, et ce n'est pas seulement le corps qui en fait les frais. L'esprit doit payer sa dette : les examens, les concours, le travail spontané sont la condition de l'avancement. On n'avait pas pensé à cela en sortant de St-Cyr. On avait fait un ballot de ses livres et l'on pensait ne les plus revoir. Du moment qu'il faut les rouvrir, adieu la carrière. Rentrons dans la vie civile, traduisez dans l'inutilité. Après cela, l'on se plaindra que l'esprit de l'armée s'altère et que les hauts grades n'appartiennent pas à ceux qui tiennent le haut bout dans la société. A qui la faute? Ceux-là ne seront jamais à l'honneur qui auront déserté la peine!

« La politique ne vous ferme donc pas toutes les carrières publiques. Mais le jour où elle vous les rouvrirait, de quoi seriez-vous capables si vous ne vous étiez mis en état d'y faire bonne figure? Quand vos adversaires politiques pratiquent en grand le favoritisme, quand les opinions tiennent lieu d'aptitudes, quand un zèle intéressé suffit à couvrir toutes les incapacités, à faire absoudre toutes les bévues, vous protestez avec raison au nom du bien public qu'on sacrifie. Et vous prétendrez vous préparer par l'oisiveté à remplacer avantageusement ceux dont vous flétrissez l'ignorance? mais prenez-y garde : quand votre tour viendra, vous ne les vaudrez même pas!...

« Mais qu'ils sont rares dans les rangs supérieurs de la société, les jeunes hommes qui savent se creuser un sillon!...

« Quoi, propriétaires, vous avez des terres, et vous consentirez que vos fermiers en sachent plus que vous sur l'aménagement du sol? L'agriculture est en souffrance : une crise économique l'accable, des fléaux dévastateurs la désolent; tout le monde est en travail pour remédier à ces maux, tout le monde, excepté les plus intéressés à les guérir, ceux qui, possédant davantage, ont plus à perdre, et qui se contentent de dire : ma vigne ne donne plus, mes fermiers ne me paient plus. Quoi, vous avez des mines, des forges, des usines; vos parents, peut-être, ont créé ces richesses. Et vous, jeunes gens, parce que vous avez trouvé en naissant cette fortune acquise, vous laisserez à des étrangers le soin de la faire valoir? Il faudra qu'un ingénieur vous explique vos machines, qu'un caissier vous explique vos comptes et sache mieux que vous ce que vous avez? Ah! tenez : si vous êtes fiers de vous sentir inférieurs à tout ce qui vous entoure, libre à vous. Mais de grâce ne venez plus me dire que vous ne travaillez pas parce que vous ne savez pas que faire! »

Ne rien faire au milieu de ce mouvement immense de toutes les classes qui tendent à s'améliorer, à s'ennoblir, à s'élever, à s'enrichir, par l'industrie, par le commerce, par l'agriculture, par les travaux de la vie politique : ne rien faire, c'est abdiquer, c'est s'anéantir! Ne pas comprendre que nous vivons dans des temps où il faut se faire pardonner sa fortune, quand on l'a reçue de ses pères; autoriser les nouveaux venus de la société moderne à dire que les fils des grandes familles, au milieu du progrès universel, demeurent immobiles dans leurs préjugés de race, stationnaires dans leur fortune, rétrogrades dans leurs idées; qu'ils ne font rien et ne veulent rien faire. C'est impossible. Et vous voudriez que le peuple ait pour vous la considération qu'il accorde au travail et à l'activité?

Si, ils font quelque chose, ils s'amusent! Quel homme grave, n'a pas déploré la vie de tant de jeunes gens qui semblent ne vouloir qu'abdiquer la dignité de leur naissance, et ne savent, pour me servir enfin de l'expression trop vulgaire, hélas! et trop connue, *ne savent que battre le pavé de Paris!*

« *Le pavé de Paris*, dit Mgr Dupanloup, c'est-à-dire les Jockeys-Clubs, le boulevard des Italiens, le jeu effréné, les foyers de spectacle, les chevaux, les chiens, les cigares, les femmes, et des avilissements qu'on ne peut dire (1). »

Ils s'amusent! si encore ils le faisaient avec pudeur.

Que dire de ce fameux bal de la princesse de Sagan, où danseurs et danseuses devaient être costumés en bêtes? Et c'était au mois de mai 1885, alors que les catholiques et les honnêtes gens déploraient la profanation de l'église Sainte-Geneviève (2). Quel respect voulez-vous qu'ait pour vous l'ouvrier, quand il lira dans son journal que le duc de Gramont, ce soir-là, était un pierrot, le comte de Gontaut une girafe, le comte de Béthune un canard, M. de Germiny,

---

(1) *De l'Éducation*, t. I, liv. IV, chap. IV.

(2) Drumont, *la France juive*, t. II, p. 177. — Au banquet d'adieux des Cercles catholiques d'ouvriers, ce douloureux rapprochement fournit au comte Albert de Mun le motif d'un de ses plus beaux mouvements oratoires. L'orateur, interrompu par les applaudissements, fut plus de cinq minutes sans pouvoir reprendre la parole.

un singe, le comte de Lousse une pie et le vicomte d'Andlau une chouette.

Que dire de ces représentations annuelles du cirque Molier, où gentilshommes de haute marque exhibent leurs muscles et leurs biceps devant les femmes du monde et du demi-monde? Je laisse la parole à un journaliste appréciant à son véritable point de vue cette représentation dont il faudrait dire : « Il faut en rire pour ne pas en pleurer (1). »

« Le cirque Molier ouvre ses portes ce soir, pour une série de représentations, avec des *numéros* nouveaux. La fantaisie d'un jour est devenue une mode; et la mode est en passe de devenir une institution. Il faut bien s'en occuper. N'est-ce pas notre devoir de connaître tout ce qui jette un jour sur nos mœurs? Que si les gentilhommes et gentlemen qui descendent dans l'arène nous disaient qu'ils sont chez eux et que ce qui s'y fait ne nous regarde pas, nous leur répondrions qu'ils ont justifié notre curiosité par le peu de soin qu'ils ont mis à fermer leur porte. Visiblement, ils ont cherché l'applaudissement du public; ils ne sauraient s'étonner de trouver, à côté de cet applaudissement, la critique. Car ils ont pris grand soin

(1) Henry Fouquier, *Figaro* du 28 mai 1886.

qu'on n'ignorât pas leurs récréations. Ils les ont fait annoncer dans les journaux; ils ont sollicité les reporters ou les critiques de sport d'y assister, pour en rendre compte. Et rien n'est plus aisé que d'avoir sous les yeux le programme illustré de la séance, où monsieur le duc figure en clown et monsieur le vicomte en hercule, dans la réalité d'une photographie qui fait valoir leurs personnes, avec le costume qui sied le mieux à leur genre de beauté.

« Donc, il existe à Paris un lieu, demi-public, où des hommes, portant les plus beaux noms de France et représentants indiscutés des classes dirigeantes, se montrent périodiquement en faiseurs de tours d'adresse, clowns, gymnasiarques et écuyers. Ils invitent à les venir voir travailler le plus de monde qu'ils peuvent, surtout des femmes. On a un jour pour les femmes du monde, un jour pour celles qui n'en sont pas, et la matrone et la demoiselle, à vingt-quatre heures de distance, occupent la même place et reçoivent le même accueil. Peut-être serait-il très philosophique — et on y viendra — d'avoir aussi un jour pour les demi-vertus, ce qui sortirait les commissaires de l'embarras considérable qui existe quelquefois pour eux à décider si telle mondaine a une ligne de conduite plus près de la perpendiculaire que de l'horizontale? Toutes choses sont réglées comme au Cirque des Champs-Élysées ou au Nouveau-Cirque, à cela près que les clowns qui disent : *Miousic!* avec un pur accent anglais, sont nés au Faubourg Saint-Germain au lieu d'avoir vu le jour à Montmartre ou aux Batignolles. Cerceaux, écuyères court-vêtues, bottes molles et culotte avantageuse, rouge végétal sur la face, et le salut au public après l'exercice réussi et applaudi. L'égalité parfaite avec les « artistes » de profession ; en un mot, le volontariat du cabotinisme!

« Ce n'est pas mon goût d'être un moraliste austère, ni, surtout, un moraliste grincheux. J'ai particulièrement un grand amour de la liberté, et je voudrais que le monde fût une vaste abbaye de Thélème, pratiquant le bon conseil de maître Rabelais : Fais ce que tu voudras! Mais, chez les Thélémites, il n'y avait ni haine de classes, ni envie, ni riches, ni pauvres, et c'était vraiment commode de donner le bon plaisir pour règle à des sages achevés, ne connaissant aucune de nos misères. Nous n'en sommes pas là. Et si notre monde n'a que faire des aigres censeurs qu'inspire l'envie, il devra écouter longtemps encore les *avertisseurs* désintéressés. En toute sincérité, je le dis aux gens du monde qui changent l'habit noir contre le maillot et qui exhibent leurs musculatures, le moment est mal choisi pour ces exercices.

Si les classes dirigeantes et la noblesse, si les gens qui se donnent eux-mêmes pour une élite sociale veulent, sans se laisser prendre aux chimères, user simplement du droit de légitime défense qui leur appartient, ils ne retrouveront quelque autorité parmi nous qu'à force de bon sens et surtout de dignité. Le dernier hommage que la démocratie rend encore à la noblesse de race, c'est de se montrer sévère pour elle !

« Il n'est pas un boutiquier jaloux qui ne répète d'instinct, dans la langue de Joseph Prudhomme, l'admirable tirade de Molière, faisant parler Don Luis à Don Juan. A cette époque déjà, les penseurs disaient, comme Taine l'a écrit plus tard, que la noblesse avait le devoir de défendre ses privilèges par les services rendus. Ces privilèges, elle n'en a guère aujourd'hui, sauf un, mais considérable, l'état que font d'elle ceux mêmes qui lui refuseraient volontiers jusqu'au droit de garder ses titres et ses blasons. Et ce privilège tout idéal, elle doit le sauvegarder pour le haut exemple des belles mœurs sérieuses. En pleine monarchie, sous Louis XIV, Racine, blâmait le Roi-Soleil d'exhiber devant sa cour, public choisi et restreint, les grâces exquises qui le firent aimer de La Vallière, Molière daubait sur les marquis à belle mine, excellant à la danse. Le duc de La Rochefoucauld, qui préférait la gymnastique de l'esprit aux exercices du trapèze, justifiait l'humeur inquiète de la démocratie à venir par ces paroles prophétiques : « Les grands noms abaissent au « lieu d'élever ceux qui ne les savent pas soute- « nir. » Faut-il s'étonner que la foule, bien inspirée par sa jalousie, car la passion est souvent bonne conseillère pour le blâme, ait trouvé que M. le duc de Morny s'était mal préparé à la vie publique par des entrechats, et estime encore que les promiscuités avec les acrobates de profession, que l'ambition de les égaler, que la mise en scène des exercices qu'on ne doit louer que dans le privé, que ces portraits à demi-nus et ces réputations foraines ne sont pas choses opportunes aujourd'hui? En 1832, les royalistes se réunissaient pour tenter l'héroïque folie de la rue des Prouvaires. En 1886, le jour où l'on va faire la bêtise d'expulser leur chef, sous prétexte que ses partisans songent à rétablir la royauté, les hommes qui passent pour être les derniers soutiens de la monarchie s'adonnent tout entiers, en fait de rétablissement, au rétablissement sur les barres parallèles!

« Républicain d'opinion et indépendant de tout parti, je pourrais peut-être me réjouir de cette décadence, et de voir, comme autrefois les chevaliers à Rome, les gentilshommes descendre dans le cirque,

Pour disputer des prix indignes de leurs mains.

« Ce n'est pas à travers les cerceaux qu'on arrive au pouvoir et on conspire mal sur les trapèzes ! Mais il est quelque chose de plus haut que la politique et qui me touche bien plus qu'elle : c'est la santé morale de mon pays. On peut ne pas croire au retour du passé et ne pas espérer voir refleurir les traditions abolies. Mais on peut souhaiter que le passé meure bien, on peut souhaiter que les traditions se transforment sans se décomposer. Un soleil qui disparaît derrière l'horizon, pur et brillant encore, nous rassure sur la journée qui succédera à la nuit.

« Je sais bien qu'il ne faut rien pousser à l'excès et ne pas faire le prophète de mauvais augure pour une simple imprudence de quelques-uns. On me dira de plus que les exercices du corps ont toujours été en honneur chez les peuples libres, que les couronnes de lauriers étaient aussi bien recherchées à Athènes que les lauriers de la guerre et de l'Agora, et que nous devons aimer tout ce qui fortifie et civilise notre race épuisée. Je n'ignore pas davantage que les têtes folles font parfois les bons soldats, et je sais comment combattirent et moururent les gentilshommes à qui Gambetta avait donné M. de Charette pour général. Aussi n'ai-je pas prononcé un autre mot que celui d'imprudence. Mais l'imprudence est flagrante.

Ce qui domine, en effet, les représentations *ad ostentationem*, qui n'ont rien de commun avec l'entraînement national des temps antiques, c'est le désir de paraître, ce « désir de paraître » qu'Agrippa d'Aubigné reprochait déjà à la noblesse de son époque.

« C'est le mal français par excellence, qui gâte les meilleures choses, qui donne au patriotisme même cette allure de cabotinisme, dont ont tant souffert ceux qui ont suivi dans l'histoire la sévère régénération de la Prusse après Iéna. Cabotinisme dans les lettres, dans les arts, dans la charité même, partout on rencontre cet ennemi familier et chéri de notre race ! Il n'est pas de prétexte qu'il n'invente pour nous séduire, de circonstance atténuante qu'il ne plaide pour nous désarmer. Il faut cependant savoir résister à ses envahissements dangereux. Car il n'est pas de dissolvant plus fort que le cabotinisme, altérant les idées par les représentations qu'il en donne, compromettant les personnes par le rôle qu'il leur fait jouer. On l'a trouvé chez nous jusqu'au pied de l'échafaud, quand la mode vint, après Thermidor, d'aller danser en grand deuil aux bals des victimes !

« La noblesse de race comme l'aristocratie de fortune sont, aujourd'hui, visées et enviées. Mais ce n'est pas toujours et seulement un sentiment de basse jalousie qui excite les esprits contre elles. Cette jalousie serait impuissante autant qu'injustifiée, si on voyait assez l'effort des heureux du monde pour se faire dignes de leur bonheur. Le respect s'imposerait, si on savait que notre jeune noblesse fût de l'école de ce comte de Saint-Simon, à qui son valet de chambre disait chaque matin : « Monsieur le « comte, n'oubliez pas que vous avez quelque « chose de grand à faire. » Paris ne hait pas la jeunesse qui s'amuse, même avec quelque bruit. Mais il ne peut estimer les inutiles. Le peuple, qui a, plus qu'on ne le croit, le sens des devoirs de la race, ne peut s'habituer à l'idée que des fils de croisés se montrent en maillots pour l'amusement des filles à la mode, sorties souvent des loges de concierges et des ateliers de modistes. Il rougit d'entendre échanger, sur le sable de la piste, les titres gagnés sur la terre sanglante des batailles. Il trouve que c'est trop se démocratiser que d'agir de la sorte, qu'il y faut mettre un peu plus de retenue, et que si le trapèze est décidément la dernière supériorité de certains gentilshommes, cette supériorité doit s'exercer devant un cercle restreint, sans musique — surtout sans : *Miousic!* »

C'est un républicain qui vient de parler : or, il est toujours bon d'avoir sur sa propre conduite, l'opinion de son ennemi.

Est-ce ainsi véritablement qu'on respecte son nom, sa naissance, ses ancêtres? Est-ce ainsi que l'on peut attirer sur soi la vénération des masses? Que penserait aujourd'hui cette vieille duchesse de l'ancien régime qui disait à un de ses amis, après 1830 : « Ah ! mon cher Monsieur, j'ai bien compris que la monarchie était perdue, lorsque j'ai vu mon ami le marquis*** sortir avec un cigare aux lèvres, sur le Cours la Reine. »

Nous avons fait un singulier progrès depuis ce temps. Ne semble-t-il pas que nous réalisions inconsciemment, la troisième partie du pronostic sanglant de Chateaubriand : « Une aristocratie passe par trois phases : celle des services, celle des privilèges, celle des vanités. »

On entend parfois quelques vieilles gens attardés gémir de la honte qui rejaillit sur la noblesse tout entière du fait de la mésalliance d'un de ses membres. « Comment, vendre son nom à beaux deniers comptants à quelque opulent roturier parvenu ! Quelle horreur ! Turcaret paye les dettes de son gendre, pour que sa fille soit baronne, duchesse, comtesse ou princesse. Et le gendre ne dédaigne pas d'entrer dans la maison de Turcaret, pourvu qu'il passe sur un pont d'or. » Et aussitôt de murmurer ces vers de Boileau :

Alors, le noble altier, pressé de l'indigence,
Humblement du faquin rechercha l'alliance,
Par un lâche contrat, vendit tous ses aïeux...

. . . .

Et, corrigeant ainsi la fortune ennemie,
Rétablir son honneur à force d'infamie (1).

Non, l'infamie n'est pas de s'unir à une plébéienne qui vous apportera la vertu, l'affection et l'honneur; l'infamie n'est même pas de donner, sans amour, sa main à la fille d'un bourgeois enrichi. L'infamie n'est pas de faire redorer son blason par son beau-père, c'est de le ternir ou de le souiller par la bassesse et l'indignité de sa propre conduite :

Et, fussiez-vous issu d'Hercule en droite ligne,
Si vous ne faites voir qu'une bassesse indigne,
Ce long amas d'aïeux que vous diffamez tous
Sont autant de témoins qui parlent contre vous;
Et tout ce grand éclat de leur gloire ternie
Ne sert plus que de jour à votre ignominie.
En vain, tout fier d'un sang que vous déshonorez,
Vous dormez à l'abri de ces noms révérés;
En vain vous vous couvrez des vertus de vos pères :
Ce ne sont à mes yeux que de vaines chimères.
Je ne vois rien en vous qu'un lâche, un imposteur,
Un traître, un scélérat, un perfide, un menteur,
Un fou, dont les accès vont jusqu'à la furie,
Et d'un tronc fort illustre une branche pourrie (2)...

(1) Boileau, sat. V.
(2) Boileau, sat. V.

Et Molière s'unit à Boileau pour flageller, en plein XVIIe siècle, la mollesse et l'ignominie des nobles : et on ne les traitait pas de socialistes; Louis XIV, au contraire, applaudissait et leur donnait des pensions. « Ne rougissez-vous point, dit don Luis à son fils don Juan, de mériter si peu votre naissance? Êtes-vous en droit, dites-moi, d'en tirer quelque vanité? Et qu'avez-vous fait dans le monde pour être gentilhomme? Croyez-vous qu'il suffise d'en porter le nom et les armes, et que ce ne soit une gloire d'être sortis d'un sang noble, lorsque nous vivons en infâmes? Non, non, la naissance n'est rien où la vertu n'est pas. Aussi, nous n'avons part à la gloire de nos ancêtres qu'autant que nous nous efforçons de leur ressembler; et cet éclat de leurs actions qu'ils répandent sur nous, nous impose un engagement de leur faire le même honneur, de suivre les pas qu'ils nous tracent, et de ne point dégénérer de leur vertu, si nous voulons être estimés leurs véritables descendants. Ainsi vous descendez en vain des aïeux dont vous êtes né, ils vous désavouent pour leur sang, et tout ce qu'ils ont fait d'illustre ne vous donne aucun avantage; au contraire, l'éclat n'en rejaillit sur vous qu'à votre déshonneur, et leur gloire est un flambeau qui éclaire aux yeux d'un chacun la honte de vos actions. Apprenez enfin qu'un gentilhomme qui vit mal est un monstre dans la nature; que la vertu est le premier titre de noblesse; que je regarde bien moins au nom qu'on signe qu'aux actions qu'on fait, et que je ferais plus d'état du fils d'un crocheteur qui serait honnête homme, que du fils d'un monarque qui vivrait comme vous (1). »

Et vous vous plaignez que le peuple ne vous respecte pas ! Je m'étonne, moi, qu'il vous respecte encore autant, quand vous insultez à son travail par votre oisiveté, à sa misère par votre luxe, à son amour pour la patrie par

---

(1) *Le Festin de Pierre*, act. IV, sc. 6. — Juvénal, de son côté, nous représente les héros antiques assistant eux-mêmes à la vie molle, infâme, de leurs descendants dégénérés : « Qu'importent les arbres généalogiques? Que sert, ô Ponticus, de pouvoir vanter une longue série d'aïeux, de montrer les portraits de ses ancêtres, les Émilius debout sur leur char triomphal, les Curius déjà mutilés, un Corvinus que le temps a privé d'une épaule, un Galba qui a perdu le nez et les oreilles? A quoi bon étaler avec orgueil sur un vaste tableau de famille des maîtres de cavalerie, des dictateurs enfumés, si, en présence des Lépides, on vit sans honneur? A quoi bon les images de tous ces grands guerriers, si vous passez toute la nuit dans le jeu et la débauche, et cela devant le vainqueur de Numance; si vous vous couchez au lever de l'aurore, à l'heure où les généraux, élevant leurs aigles, marchaient au combat? » Il n'y a rien d'oiseux, de froid ni de tranquillement didactique dans ce beau contraste si nettement accusé des pères et des fils où tout est en image et d'un relief plastique. C'est un tableau tout fait qu'un peintre n'aurait que la peine de transporter sur la toile. (Sat. VIII, v. 1, 12.)

l'abjection où vous plongez le cœur léger, ces grands noms qui ont toujours fait l'honneur de la France, et qui lui appartiennent autant et plus qu'à vous. Car, « un véritable prodige, dit le R. P. Lacordaire, c'est un pauvre qui n'a rien que le spectacle des hommes heureux, des hommes qui ont quelque chose, un pauvre qui se met à genoux devant vous, qui vous rend les plus vils et les plus ignominieux services, et qui, plus fort que vous-mêmes, tout seul, à plus forte raison quand il compte ceux qui sont à côté de lui, dans les rues et partout, vous laisse tranquille cependant ; un pauvre qui, battu par tous les vents de l'ambition, de l'orgueil humain, de l'instabilité humaine, ne comprenant pas les mystères du présent et de l'avenir ; ne trouvant du côté de l'âme aucun contrepoids, aucune compensation, vous respecte encore, au moins extérieurement, et ne vous saisit pas de ses deux bras puissants pour vous écraser par terre ou vous broyer contre une muraille (1). »

Et vous vous plaignez que le peuple ne vous respecte pas ! Ah ! c'est bien le cas de dire cette fois, Monsieur, en changeant un mot de

---

(1) Lacordaire, homélie prêchée à l'église des Carmes, 9 décembre 1849.

votre phrase : « dites aux supérieurs que s'ils veulent attirer le respect, ils commencent par se respecter eux-mêmes, et qu'ils continuent en respectant ce qui doit être respecté; et ce respect qu'ils pourraient avoir le droit d'obtenir, leur viendra naturellement. » Car non contents de ne pas se respecter, ils ne respectent pas la présence de ce grand enfant qui les regarde avec des yeux de convoitise, et qui les imite en outrant leurs excès, le peuple.

Quelle influence, quelle autorité pourrait-on exercer sur le peuple, si l'on ne faisait pas mieux que lui? Comment lui montrer le droit chemin si l'on suivait les faux sentiers? Avec quelle autorité lui conseiller le travail et la prévoyance, lorsque la vie se passe dans l'imprévoyance et l'inaction? Oserait-on lui reprocher de ne pas travailler le lundi, en ne faisant rien de toute la semaine? Si on l'accuse de lire la petite presse, il ne faut pas se nourrir soi-même d'une nourriture malsaine. Pour lui interdire d'aller battre des mains à la chanteuse populaire, il ne faut pas la faire applaudir dans son salon. On ne saurait condamner ses joies publiques, et aller, en même temps, voir des nudités sauvages sur les théâtres! Ils n'ont pas le droit de faire un crime à l'ouvrier de s'avilir et de se ruiner au cabaret, ceux qui dans les clubs élégants, sacrifient en une nuit l'honneur de leur famille et la fortune de leurs enfants (1).

Comment les classes supérieures veulent-elles que le peuple les respecte alors qu'elles ont ruiné en elles la dignité, source du respect, et corrompu le peuple par leurs exemples. N'est-ce pas ici le cas de rappeler cette maxime du cardinal de Retz : « Quand ceux qui commandent ont perdu la honte, c'est justement le moment dans lequel ceux qui obéissent perdent le respect. »

C'est ce que l'on vit à la Révolution : le premier coup qui ébranla en France la statue du respect, vint des classes dirigeantes. Il en est, d'ailleurs, toujours ainsi : « Vous pouvez voir, dit Cicéron, si vous interrogez le passé, que tels ont été les principaux de la cité, telle a été la cité elle-même; et que toute altération qui s'est opérée dans les mœurs des premiers citoyens, a été suivie d'une altération pareille dans celles des peuples. Aussi les grands qui ont des vices sont d'autant plus funestes à la République, que non seulement eux-mêmes ont contracté ces vices mais qu'ils les propagent dans la cité. Non seulement ils nuisent parce qu'ils sont corrompus, mais parce qu'ils

(1) C'est en termes identiques qu'a parlé Mgr Doutreloux, évêque de Liège, Congrès de Liège, septembre 1887.

corrompent, et leur exemple fait plus de mal que leurs vices. Cette règle, étendue à tout un ordre, peut encore être restreinte. Un petit, un très petit nombre de citoyens environnés d'honneurs, suffisent, ou pour corrompre, ou pour corriger les mœurs d'un état. »

On s'exprime donc d'une manière inexacte quand on dit que « les peuples ont les gouvernements qu'ils méritent. » En ce qui concerne les destinées sociales, la responsabilité du peuple proprement dite est très restreinte, parce qu'il n'exerce pas sur la marche des affaires de l'Etat, qu'une action très limitée, sinon nulle. C'est aux élites, aux supériorités, aux classes éclairées ou lettrées qu'incombe toujours la responsabilité des troubles sociaux, parce que ceux qui se trouvent dans ces situations prééminentes ont le pouvoir et le devoir de patronner, d'éclairer, de guider les foules. C'est par leurs autorités sociales à tous les degrés, que les nations sont désorganisées ou réformées, perdues ou sauvées.

Sur ce point sont d'accord historiens et moralistes, économistes et prédicateurs. « J'aurais beau le taire, dit Mgr Besson, que je ne pourrais le cacher à l'histoire, ce sont les exemples des rois dépravés, des grands corrompus, des magistrats rebelles à l'Eglise, qui ont miné, en moins d'un siècle, l'ancienne société française et qui en ont fait sombrer et disparaître, dans la même tempête, et le trône souillé par d'affreux désordres, et le prétoire où la passion avait trop souvent remplacé la justice, et jusqu'au sanctuaire, hélas! où le sang le plus pur, versé par d'indignes mains, n'a pas été de trop pour effacer la souillure du passé. Dieu voulait montrer par un exemple décisif combien les princes sont responsables, et combien leurs mœurs et leur foi importent à la société tout entière. Ils réclamaient comme un droit d'être licencieux sans être ni repris, ni contraints par aucune autorité ecclésiastique ni séculière, comme s'il y avait eu deux morales, l'une pour les classes élevées, l'autre pour le peuple, et que Dieu dût les peser un jour, dans sa justice distributive, avec deux poids et deux mesures (1). »

« Louis XIV et son successeur, dit M. Le Play (2), en violant la loi morale ont d'abord corrompu les classes dirigeantes; puis, celles-ci ont de proche en proche désorganisé le personnel des ateliers. Le grossier concubinage qui désole aujourd'hui les ateliers parisiens, procède directement de l'adultère qui fut institué avec éclat à la cour de Versailles. Les

---

(1) Conférence à Besançon, *le Bon Exemple.*
(2) *Organisation du travail*, chap. I, § 3.

classes dirigeantes perverties par l'oisiveté, ne se bornent pas à corrompre les peuples par le mauvais exemple, en s'abandonnant à tous les écarts inspirés par les passions sensuelles, et les intérêts égoïstes. Saisies parfois d'une sorte de vertige, elles se livrent, contrairement à leurs intérêts les plus évidents, au prosélytisme de l'erreur et de la destruction : on les voit alors saper par leurs discours et par leurs écrits, comme par leur pratique, les croyances religieuses, l'esprit de famille, les traditions de hiérarchie et, en général, les idées et les sentiments qui jusque-là avaient fait la force de la société. Les cours de l'Europe ont offert ce triste spectacle pendant toute la durée du XVIIIe siècle. Elles ont ainsi provoqué le cataclysme social dont la révolution française a été le plus sanglant épisode, et dont le contre-coup s'étend plus que jamais à toutes les régions du continent. »

Du manque de respect naissent les révolutions : en manquant de respect aux grands, le peuple n'a fait que suivre l'exemple pervers que lui donnèrent ceux-ci. Ne croyez pas que je plaide ici la cause d'une démocratie jalouse en attaquant les travers des classes supérieures. Non certes : il ne s'agit que de les arracher à leur frivolité pour les rappeler à leurs devoirs. Mais, qu'elles le sachent bien, c'est elles qui font la force de leurs ennemis par tant de légèreté, d'inutilité. Il semble qu'un beau nom soit aujourd'hui un titre à l'oisiveté. Combien semblent prendre à tâche de contredire par leur inertie cette réflexion d'un vieil auteur: « Noblesse n'est autre chose qu'un préjugé de bien faire. » On dirait qu'aujourd'hui noblesse n'oblige plus. Est-ce ainsi qu'on perpétue un nom illustre, une race glorieuse? Non, on ressemble à ces portraits d'ancêtres rongés du temps et des vers, et qui ne sont plus qu'un souvenir.

« En présence de ces mœurs modernes qui éclatent aux yeux de tous, dit Mgr Mermillod, que voulez-vous que nous fassions, nous, porteurs de la parole sainte? Pouvons-nous être complices des abaissements de cette société? Car il ne nous est pas permis d'avoir deux doctrines; l'une, pour protéger les raffinements de dévotion, et l'autre pour bénir la chaîne du pauvre. L'Evangile n'est, dans nos mains, ni un simple missel du moyen-âge, ni un discours de tribune! »

VII

Du manque de Respect naissent les Révolutions dans la famille. Parents et Enfants.

« Les révolutions dans la famille, dites-vous, Monsieur, naissent également du manque de respect ! » Oui assurément, mais aussi, trop souvent hélas ! comme dans la société naissent les révolutions.

Sans doute, parfois, des fils dénaturés insultent leur vieux père qui jamais ne leur a inspiré et donné que l'exemple du plus grand respect et de la plus noble dignité. Mais que de fois, des chefs de famille ne se sont-ils pas déparés eux-mêmes, par leur conduite publiquement irrespectueuse des lois familiales, de cette couronne de l'autorité qui orne le front des vieillards (1).

(1) *Apex senectutis auctoritas,* dit Cicéron.

Je me trouvais un jour, dit un voyageur (1), à bord d'un navire. En présence de quinze ou vingt convives réunis autour de la table commune, trois Français âgés de 45 à 60 ans, désireux de faire parade de leur esprit, tinrent, pendant le repas, les propos les plus licencieux. Aussitôt après, je causais avec un jeune Turc de 23 ans, et, honteux pour la France, je cherchais à atténuer dans son esprit l'effet des paroles qu'il venait d'entendre; puis je lui demandais : « Chez vous, se permettrait-on de parler ainsi en public? » Il me répondit : « Si chez nous, des hommes d'un âge mûr, osaient de la sorte parler devant des jeunes gens, quel respect aurions-nous pour la vieillesse? »

Cette réponse, continue ce voyageur, me frappa et me fit faire de pénibles réflexions. Elle me révélait une des causes de l'affaiblissement de l'autorité des vieillards en France. Les classes dirigeantes ont perdu leur ascendant sur le peuple, pour avoir négligé leurs devoirs envers lui. Si les hommes d'un âge mûr ont aussi perdu une partie de leur ascendant sur la jeunesse, n'ont-ils point de reproches à se faire, et n'ont-ils jamais négligé leurs devoirs envers elle, devoirs dont un des premiers était encore rappelé aux Romains d'un siècle déjà

(1) *Réforme sociale*, 1re année, t. I, p. 257.

corrompu, par le poète : *Maxima puero debetur reverentia.* Le plus grand respect est dû à l'enfance.

Ce manque de respect envers la femme et la jeune fille, dont je parlais plus haut, comme ce manque de respect des parents entre eux ou envers leurs enfants, vient de ce que l'on a perdu le *respect de soi-même.*

Le respect de soi-même est un sentiment qu'il est plus aisé de concevoir que de définir, qu'il serait facile d'inculquer par l'exemple aux enfants, d'autant plus facile qu'il est une saillie de l'égoïsme, une parcelle épurée de l'amour-propre. C'est une attention austère, une étude, une surveillance de soi-même et sur soi-même. C'est, si je puis ainsi m'exprimer, un sentiment de propreté morale, absolument identique à celui de la propreté physique sensible à toute tache ; c'est une honte éprouvée, alors qu'on voit, qu'on entend ou qu'on fait devant les autres des actes répréhensibles attirant le mépris ou la haine. C'est surtout une crainte, mais à la différence du respect humain, c'est non pas la crainte de ce que diront les autres, mais la crainte de ce que l'on se dira de soi-même ! C'est enfin un sentiment de pudeur ou de chasteté analogue à celui des femmes, et que la femme seule peut inspirer à son enfant par l'exemple.

La mère est d'autant plus puissante pour inculquer à son enfant un tel sentiment, qu'il doit être chez elle, à l'état d'instinct et d'une admirable délicatesse. C'est une fleur qui, cultivée par les soins maternels, gardera toujours, même dans la fougue de l'âge et des passions, quelque chose de son premier parfum.

Mais hélas! dans ce temps de dégénérescence universelle, le sentiment maternel s'est étiolé en certaines femmes. Et ce n'est peut-être pas sans raison qu'un savant moraliste a dit récemment que « ce qui manque le plus à nos Françaises, ce sont des mères ! »

C'était la mère qui, jusqu'ici était le dernier appui, au foyer domestique, de la dignité et du respect : si cet appui vient à lui manquer, la famille s'écroulera bien vite dans l'anarchie.

Il semblerait vraiment, de nos jours parfois que les parents s'entendent pour ruiner tout respect que les enfants pourraient et devraient avoir envers eux.

Si intime en effet, que soit l'union, il pourra naître souvent une dissidence. Pourquoi ne pas attendre le tête-à-tête, pour vider à l'amiable ce différend? Ce serait compromettre le respect, que de le laisser éclater devant les enfants, et de l'étaler, pour ainsi dire, complaisamment devant leurs regards. Rien ne bat en brèche le pouvoir domestique comme ces discussions, parfois un peu aigres, qui s'élèvent au foyer, ou ces oppositions d'idées et de vues qui se manifestent entre les parents. Ce n'est plus seulement l'unité qui périclite ; la soumission elle-même ne tarderait pas à être atteinte ; pour peu que ces scènes se répètent, elles appelleront à leur suite la ruine de toute subordination et de toute confiance.

Et vous ne devrez pas vous étonner, parents imprudents, de retrouver sur les lèvres de votre fils irrité, ces expressions mordantes, ces appellations injurieuses dont vous vous serez servis entre vous et devant lui. Et pourrez-vous l'en blâmer sans vous dire au fond de votre âme : « C'est ma faute et je l'ai bien mérité ! »

De quel droit ce père qui déserte trop honteusement le foyer conjugal, viendra-t-il reprocher à son fils, ce que le monde appelle « ses folies de jeunesse » ? Il s'exposerait à s'entendre répondre comme j'entendis un jour un fils répondre à son père : « Mon père, je ne fais que suivre votre exemple, et j'aime mieux faire encore ce que je fais, que faire ce que vous faites ! » Ah certes ! le fils était bien coupable d'insulter ainsi son père ; car ce n'est jamais au fils à reprocher à son père ses fautes ou ses crimes ; mais le père ne lui avait-il pas donné, par sa conduite et ses mauvais exemples, ce droit illégal de lui manquer de respect?

Et que dire de ces parents infortunés que le remords ou une cruelle nécessité mettent dans l'obligation de prendre leurs enfants pour confidents de leurs désordres passagers ou permanents (1)! Quel exemple pour ces pauvres petits et quel choc porté au respect!

Un volume ne suffirait pas pour relater les diverses et nombreuses circonstances où les parents, dans la famille, perdant le respect de soi-même, oublient qu'ils doivent respecter la présence de leurs enfants.

Ils allèguent bien, il est vrai, une trop facile excuse: « Les enfants ne comprennent pas ce qu'ils entendent ou ce qu'ils voient. » Soit: tel mot, tel geste n'aura pour leur âme inattentive, sur le moment, aucun sens précis; cependant il s'y incruste profondément. Qui n'a, dans sa vie, de ces faits passés inaperçus à son enfance, et qui, certain jour, ont paru lumineux, trop lumineux parfois? Il ne faut jamais dire devant les enfants que ce qui leur convient; car ils ont une mémoire rétroactive qui

---

(1) M. François Coppée, dans son drame de *Severo Torelli*, et M. Guy de Maupassant, dans son roman de *Pierre et Jean*, nous en citent des exemples frappants. Il ne faudrait pas croire que ce soient simplement là imaginations de poète ou de romancier! Car la vie humaine, à notre époque, nous offre parfois de ces tristes réalités!

sert parfois trop souvent à leur instruction. Plus ce qu'ils entendent leur paraît obscur, plus ils y attachent d'intérêt. C'est une énigme qui dort dans leur souvenir, jusqu'à ce que l'observation vienne, un peu plus tard, leur en donner le mot (1).

Dix ou quinze ans après, l'enfant devenu jeune homme ou jeune fille, aura le sens de ce fait, comprendra cette parole, saisira le motif de cet acte, et si cette parole équivoque ou mauvaise est tombée des lèvres de ses parents, si cet acte fut commis par eux, quelle révolution dans son âme! Dans son esprit de respect et d'amour, il cherchera et trouvera une excuse à cette parole, un prétexte louable à cet acte; mais le pourra-t-il toujours?

Le cœur a beau mentir, la blessure est au fond (2).

Cette découverte, si cruelle qu'elle soit, n'est rien auprès des terribles conséquences que pourrait avoir sur l'avenir des enfants, ce manque de respect des parents. Dès longtemps, Juvénal burina dans ses vers les résultats désas-

---

(1) Cf. Ces vers de V. Hugo :

Mais souvent une idée en notre esprit s'enfonce,
Ce qui nous a frappés nous revient par moments,
Et l'enfance naïve a ses étonnements.

(*Feuilles d'automne*, XXX.)

(2) A. de Musset, *la Nuit d'août.*

treux du mauvais exemple tombé de si haut (1) :

Il est plus d'un travers odieux, cher Fuscine,
Qui, même à des cœurs purs, s'attache et s'enracine,
Plus d'un immonde vice aux germes étouffants,
Qu'un père corrompu transmet à ses enfants.
L'héritier d'un joueur portant la bulle encore,
Déjà brouille les dés dans le cornet sonore...
Et tu veux qu'aujourd'hui la fille de Larga
Ne soit point à son tour une épouse adultère,
Elle, qui pour nommer les amants de sa mère,
Aurait besoin de prendre haleine trente fois ?
Vierge encore elle fut ta complice autrefois,
Mère impie !... A présent, elle invoque ton aide ;
Tu dictes, elle écrit : Par le même cinède (2),
Votre amoureux message aux galants est porté.
La nature le veut ainsi : l'autorité,
L'ascendant d'une mère et son exemple infâme,
Corrompt plus aisément et plus vite notre âme !...
Ainsi donc, ne sois pas vicieux, crains de l'être,
Rien que pour empêcher ceux qui te doivent l'être
De marcher sur tes pas dans la corruption :
On imite aisément la dépravation...
Loin, bien loin de ces murs par l'enfance habités,
Ce qui choque les yeux et l'oreille ! Écartez
La courtisane immonde et la nocturne orgie,
Les chants du parasite à la face rougie !
Nous devons un respect doux et tendre à l'enfant !
Oh ! ne méprisez pas (la pitié le défend)
Cet âge frêle !... Au mal lorsque ta main s'apprête,
De ton fils au berceau que l'image t'arrête !

---

(1) Sat. XIV, *l'Exemple*, traduction de M. Jules Lacroix.
(2) Cinède, signifie « débauché ».

Ces derniers vers mériteraient d'être gravés en lettres d'or, sur le seuil de toute maison où vivent des enfants. Cette superbe maxime, sortie du fond de la conscience humaine, éveillera toujours et partout des échos sympathiques. Il n'en est pas un seul qui ne puisse trouver son application dans nos sociétés modernes. Les paroles du poète sont d'une vérité éternelle, et notre dix-neuvième siècle ferait bien de profiter de ses leçons. Que de pères imprudents, étourdis en cheveux blancs, donnent encore à leurs enfants l'exemple funeste du jeu, de la gourmandise, de la dissolution, de la brutalité envers les domestiques ! Que de mères coquettes ou légères n'ont qu'à s'en prendre à elles-mêmes, si leurs filles, un jour, marchent sur leurs traces ou les dépassent dans les voies du désordre et du vice ! (1)

---

(1) Il est vraiment incroyable combien le sentiment maternel s'est altéré dans le cœur de certaines mères. Mgr Dupanloup s'indigne, quelque part, de ce qu'un père avait un jour promis à son fils un cheval si sa conduite le rendait digne de faire sa première communion. Que dirait-il s'il avait entendu ces paroles d'une mère à son fils paresseux — elle possédait des plantations aux colonies : « Si tu travailles bien pendant les vacances, je te donnerai une négresse ! » Épouvantable, mais historique. Ailleurs la négresse était remplacée par la bonne ! Et je tiens ces détails des chefs d'institutions eux-mêmes.

Je ne parle pas de ces mères — peuvent-elles s'appeler

Dans ce cas, il est juste de dire que les parents ont les enfants qu'ils méritent et que, si des révolutions éclatent dans l'intérieur de la famille, ils ne doivent en blâmer qu'eux-mêmes.

Je n'aurais point ici parlé d'une des plus funestes conséquences de ce manque de respect des parents envers leurs enfants, — je veux dire cette déplorable habitude qu'ils ont, pour se livrer plus facilement à leurs plaisirs, de confier leurs enfants à la garde d'étrangers ou de domestiques peu sûrs qui en abusent dans d'inavouables desseins ; je n'en aurais, dis-je, point parlé, si je ne l'avais trouvée sévèrement appréciée par un magistrat.

Malheureux parents ! dit-on — « Parents plus *coupables* encore que *malheureux*, répond M. Bouniceau-Gesmon (1) ; en effet, si la justice a eu la bonne fortune qu'elle a, d'ailleurs, trop rarement de nos jours, de frapper les coupables en infligeant à ces criminels profanateurs de ce qu'il y a de plus saint et de plus respectable en ce monde, le juste châtiment de leur forfait, n'y a-t-il pas de quoi gémir en songeant à l'inqualifiable insouciance de semblables pa-

---

ainsi — qui, pour retenir auprès d'elles un courtisan que leurs charmes vieillis éloignent, jettent dans ses bras, leur fille.

(1) *Maîtres et Domestiques*, par M. Bouniceau-Gesmon, juge d'instruction à Paris. Dentu, 1886.

rents à l'endroit du plus grand de leurs devoirs? — Et ceux-ci ne méritent-ils pas à leur tour, de trouver tôt ou tard, dans les fruits amers de cette indélébile souillure imprimée, au seuil même de la vie, sur le cœur de leurs enfants, la juste expiation de cette coupable indifférence? N'est-ce pas toujours, d'ailleurs, l'éternel retour des choses d'ici-bas? La victime ainsi n'est-elle pas vengée de l'oubli des devoirs qui devaient la préserver de la déchéance morale, par les tourments que ses vices infligeront plus tard à ses parents? — Tristes mères de famille, en vérité, et tout à fait indignes de ce nom, que ces femmes qui, dans leur affolement des plaisirs aussi stériles qu'enivrant des fêtes mondaines, et considérant, pour la satisfaction de leurs instincts de coquetterie et de vanité, leurs enfants comme une gêne, et dès lors comme une quantité négligeable dans leur existence, n'hésitent pas à sacrifier le devoir au plaisir en les écartant de leur route pour les abandonner ainsi sans surveillance. Dieu sait le nombre de ces mères dénaturées, qui, de nos jours, ont la tête ainsi tournée par les entraînements du luxe et les séductions du monde. Pour ces femmes sans éducation morale, le mari n'est dans leur vie qu'une note discordante et les enfants qu'un jouet dont on s'amuse à certaines heures, sauf à les mettre à l'écart en d'autres moments!! Essayez de leur parler de devoir, de sacrifice et de dévouement!!! Arrière tout cela! Langue inconnue à leur cœur! Eh! quoi! dissimuler aux regards du monde et enfouir dans le calme insipide de la vie domestique les charmes qu'on a reçus de la nature et se condamner à passer prosaïquement sa jeunesse courbée sur un berceau, en faisant sentinelle pour préserver le trésor qu'il contient des approches et du contact du vice!!! Allons donc! Est-ce que la servante arrivée d'hier, n'est pas là pour remplacer la mère et faire bonne garde? Et, ne peut-on pas, en toute sécurité, rayonner, étinceler et tourbillonner en souriant et en se pâmant avec balancement dans les bras d'un élégant danseur, au bruit de l'orchestre et aux lueurs resplendissantes des lustres? Qu'importe que, durant ces voluptueux enivrements, la débauche se soit assise au chevet de l'enfant pour le flétrir à jamais de son contact impur?... Et comment la famille pourrait-elle subsister avec des pareilles mœurs (1)? »

---

(1) Et l'auteur cite, à l'appui de sa thèse, l'affaire de Tours et les scandales de Bordeaux. Et que de maîtres, ajoute-t-il, que de pères de familles restent indifférents! Balzac lui-même a jeté feu et flamme à ce sujet! On touche à votre bourse! Mais on corrompt votre fille et votre femme à vos côtés et vous fermez les yeux, et vous lais-

Est-ce là le respect que le poète, interprète de la nature, demande pour cet être fragile et sacré que l'on nomme l'enfant? Que penser aussi de la faute de tels parents, s'il est vrai que la faute emprunte une gravité particulière de la valeur de celui qui l'a commise, et que noblesse oblige, non pas seulement noblesse de sang, mais noblesse de rang, de situation et d'influence.

Est-il étonnant alors que tant d'enfants, malheureusement influencés, je ne dis point seulement par le scandale que leur donnent leurs parents, mais par celui qu'ils laissent s'étaler sous leurs yeux, en arrivent à perdre le sentiment du respect, et cela, parce que, au-dessus d'eux, on a laissé disparaître le sentiment de la dignité et du respect de soi-même ?

Que de révolutions arrivent ainsi au foyer domestique par le fait désastreux des parents. Ah! si l'enfant en manquant de respect à son père et à sa mère, même coupables, ne commettait un crime, si l'autorité paternelle n'était pas chose si grande et si sacrée, s'il suffisait pour corriger de prononcer une dure parole de

---

sez la débauche s'asseoir à votre foyer et faire tache d'huile autour de vous, cette débauche dont vous avez vous-même « *planté le premier clou* », selon l'expression d'Alfred de Musset!!! Et vous avez tout dit quand vous vous écriez : « Ma bonne me vole : toutes les bonnes sont voleuses. »

blâme, que de fois ne serait-on pas tenté de répondre à bien des parents. « Vous n'avez que ce que vous méritez ! »

Car c'est bien là le cas de répéter une fois encore les paroles du cardinal de Retz. « Quand ceux qui commandent ont perdu la honte, c'est justement le moment dans lequel ceux qui obéissent, perdent le respect ! »

Et, pour parler sainement, on pourrait dire aux parents, qui sont les supérieurs dans la famille « que s'ils veulent attirer le respect, ils commencent par se respecter eux-mêmes, et qu'ils continuent en respectant ce qui doit être respecté. »

VIII

Du manque de Respect naissent les Révolutions dans la famille. Maîtres et Domestiques.

La famille ne se compose pas seulement des parents et des enfants : elle a, ou plutôt devrait avoir pour partie intégrante et leur nom d'ailleurs l'indique, les domestiques.

Les maîtres d'aujourd'hui se plaignent que leurs serviteurs n'ont plus à leur égard, les attentions respectueuses des serviteurs d'autrefois envers leurs maîtres, et ils en rejettent la faute sur je ne sais quel esprit d'égalité infusé dans les masses. Sans renier la mauvaise influence du socialisme égalitaire ou du communisme, sur cette tension des rapports entre maîtres et serviteurs, que de fois ne pourrait-on pas dire aux premiers ce que je disais plus haut des parents ; « Vos serviteurs ne vous respectent plus et se révoltent, c'est parce que vous n'avez su, ni vous respecter devant eux, ni les respecter. »

Il faut le dire hautement, car c'est là une des principales causes du mal : la manière dont quelques maîtres traitent leurs serviteurs n'est guère faite pour inspirer à ceux-ci avec l'amour de leur condition, le respect et l'affection pour ceux-là. « Maître et bon ! Maître et juste ! Ces mots s'accordent-ils? » se demandait Paul-Louis Courrier, et il ajoutait : « Oui grammaticalement, comme honnête larron, équitable brigand. »

Au lieu d'adoucir, par l'esprit de charité, ce que la différence des rangs sociaux peut avoir de mortifiant pour leurs domestiques et de leur témoigner un intérêt réel en leur parlant avec sollicitude de leurs affaires, de leurs intérêts, de leurs besoins et de leurs affections, en les éclairant de conseils bienveillants et pratiquant dans leurs rapports avec eux ce précepte de Platon : « Regardez vos domestiques comme des amis malheureux; » combien de maîtres abusent de leur autorité vis-à-vis d'eux en les accablant de leurs exigences, en affectant de leur montrer la plus froide indifférence, en leur parlant avec raideur, en les considérant même comme des bêtes de somme, obéissant sous une livrée, en manquant, enfin, aux égards auxquels ils ont droit et en tolérant les mêmes manquements de la part de leurs enfants! Turgot, n'écrivait-il pas à Mme de Graffigny : « Je vois que partout la première leçon qu'on donne aux enfants, c'est de mépriser les domestiques. Les parents regardent cela comme une vertu! » Comme si le mépris, qui ne devrait atteindre que les fonctions déshonorantes, devait frapper des fonctions humbles si honorables et si indispensables au bonheur de la famille! — Sans doute, ces allures hautaines de certains maîtres à l'endroit de leurs serviteurs se sont quelque peu modifié sous l'influence des idées démocratiques : mais il est encore, de nos jours, trop de maîtres qui oublient que ce n'est ni par le mépris, ni par l'indifférence qu'on peut se faire estimer, sinon aimer de ses domestiques; et n'ont-ils pas, conséquemment, mauvaise grâce à se plaindre de la mauvaise humeur et même de l'hostilité de ceux-ci?

C'est donc une faute lourde de la part des maîtres, d'avoir élevé à la hauteur d'un principe le dédain envers la classe des serviteurs. C'est ainsi qu'ils se sont complu à en faire une classe dégradée en affectant de considérer leur profession et leurs travaux comme avilissants. Il est même une expression consacrée qu'on entend sans cesse formuler quand on parle des domestiques. « C'est, a-t-on coutume de dire, une vilaine race, une détestable engeance. » Est-ce que cette diffamation systématique d'une classe entière ne heurte pas les sentiments de justice et d'égalité! Et n'est-ce pas avec de semblables mots qu'on a justifié les coups de fouet et de bâton et autres mauvais traitements infligés aux serfs et aux esclaves? Est-il étonnant après cela que le domestique rende à son maître le mépris que celui-ci lui a manifesté. « Chaque fois que l'homme attache une chaîne aux pieds de son semblable, dit Bernardin de Saint-Pierre, la justice divine se charge d'en river une autre au cou du tyran. » En abaissant nos semblables, nous nous attirons forcément leur envie et leur haine secrète et nous devons dès lors nous attendre à tout. Comment donc s'étonner, en cas pareil, de cette parole de la Sagesse : « L'homme a pour ennemis ceux de sa propre maison. »

« Quand donc, dit M. Legouvé, la démocratie comprendra-t-elle qu'il n'y a plus de castes, et que la classe ignorante et rabaissée qui apporte le concours de ses services, ne mérite pas le mépris dont elle est l'objet? Quand donc nous dirons-nous qu'il y a deux sortes de métiers, les métiers honnêtes et les métiers déshonnêtes et qu'il faut apprécier l'homme non pas pour la fonction qu'il exerce, mais pour la façon dont il l'exerce! Que m'importe qu'ils soient domestiques, serviteurs? Est-ce que nous ne sommes pas tous les domestiques de quel qu'un et les serviteurs de quelque chose? L'em ployé n'est-il pas aux ordres de ses chefs? Le commis aux ordres de son patron? L'ouvrier aux ordres de son contre-maître? Tous les subalternes ne sont-ils pas à la merci des caprices, de l'humeur et de la santé de leurs chefs? Or, qui empêche la subordination d'être un avilissement et la dépendance d'être un esclavage? Deux choses : la dignité de l'inférieur, et l'équité du supérieur. Hé bien, pratiquons l'une et encourageons l'autre! Rayons surtout de notre dictionnaire, ce vilain mot que nous prononçons sans cesse devant les domestiques, sans penser qu'il tombe sur eux comme une injure et une blessure : Il est plat comme un valet! Une âme de valet!... Un caractère de valet!... Eh! valets, valets, il y a dans le monde des gens qui font une terrible concurrence aux domestiques dans cet emploi-là, ce sont les courtisans. La seule différence, c'est que les appointements sont plus gros et que leur livrée est plus chère. S'il faut donc flétrir quelqu'un de ce nom, ne l'appliquez pas à des malheureux, qui gagnent un maigre salaire à la sueur de leur front, mais à ces chambellans de tous les régimes qui...... La Révolution a déclaré les citoyens égaux devant la loi : déclarons tous les honnêtes gens égaux devant l'estime publique (1). »

Une autre conséquence de cet orgueil dans le commandement, c'est que le domestique, ne se sentant plus estimé de son maître, a trouvé de plus en plus pesant le joug de l'obéissance, et que sous l'empire d'une ombrageuse susceptibilité, procédant d'une vanité déréglée, il a senti se réveiller en lui des goûts d'indépendance qui ont enlevé toute joie et toute moralité à son travail. — Humilié de l'état de dépendance dans lequel l'a placé l'infortune de son sort vis-à-vis de son maître, sans rencontrer dans les procédés bienveillants de celui-ci l'encourageante compensation d'une estime pouvant seule soulager et relever de cette infortune, il est atteint d'une sorte de désespérance et de je ne sais quelle amertume profonde qui lui inspire le dégoût de sa condition. Et c'est ainsi que la famille a perdu ce qui faisait sa joie en même temps que sa force, la confiance et l'estime réciproque entre maîtres et serviteurs !

Ce n'est pas tout : Que de maîtres encore, d'un caractère naturellement irascible, perdent jusqu'au sentiment de leur propre dignité, en

---

(1) Legouvé, *les Pères et les Enfants au* XIXe *siècle*, t. II ; *les Domestiques*.

commettant l'imprudence de se laisser aller à des écarts d'emportements, alors que leurs domestiques, qu'ils ont froissés dans leur amour-propre par d'injustes reproches et d'injustifiables vivacités, ne leur ont répondu que par une attitude silencieuse et patiente! Comment le maître pourra-t-il jamais reconquérir sur ceux qu'il a ainsi cruellement offensés, son influence, perdue de la sorte dans des occasions trop souvent renouvelées? Et c'est ici qu'il est possible de constater, chez certains domestiques d'un bon naturel, une puissance de résignation dont peu de maîtres à leur place sauraient donner l'exemple.

La patience, la bonté sereine sont les vertus créatrices de bons domestiques. Il n'est rien de plus contraire à ce résultat que l'emportement qui abaisse et dégrade le maître aux yeux de son domestique. Ce dernier gagne en influence sur l'autre tout ce que celui-ci perd en estime et en considération. Les rôles s'intervertissent : c'est le domestique qui sera désormais le véritable et le seul maître dans la maison. Montaigne (1), après Sénèque, en a fait le sujet des plus saines appréciations.

Le respect mutuel, telle est la base des rapports entre maîtres et serviteurs, et le maître ne

---

(1) Montaigne, *Essais : De la colère*, liv. II, ch. XXXI.

doit pas être le dernier à témoigner ce respect à son domestique. E. Souvestre (1) nous en donne d'excellentes et décisives raisons dans ce dialogue entre un maître et un domestique qui voulait qu'on l'appelât *Monsieur* Baptiste.

« — Et pourquoi? dit son maître.

« — Parce que je crois que le langage influe sur les habitudes et que la trop grande familiarité de termes finit par se traduire en manque d'égards. M. le comte m'a fait réfléchir à la position respective des maîtres et des domestiques, et j'ai trouvé qu'en avilissant les uns, elle corrompait les autres.

« — Oh! oh! voilà de bien gros mots, M. Baptiste.

« — Pas plus gros que les choses, Monsieur. Dans la domesticité ordinaire, il semble que le maître ait seulement des droits, le serviteur seulement des devoirs; d'où il résulte que le premier tend toujours à l'abus, le second à la révolte.

« — Et quel remède voyez-vous à cela, M. Baptiste?

« — M. le comte m'a fait comprendre qu'il n'y en avait qu'un seul, le respect réciproque. Quand le commandement est poli, l'obéissance n'a rien qui puisse révolter... M. le comte m'a enseigné le moyen de la relever.

---

(1) Ém. Souvestre, *Souvenirs d'un Vieillard*, ch. XII.

« — Comment cela?

« — En exigeant plus d'égards que de gages, et en rendant mes services assez utiles pour qu'on craigne de les perdre... On a beau n'être qu'un domestique, quand les cheveux commencent à blanchir, il faut sauvegarder sa dignité! »

Monsieur Baptiste a raison, malgré ses idées paradoxales. Mais il n'y a pas que le manque de respect dans le langage qui influe sur l'éducation du domestique. Il y a surtout le défaut de respect dans la conduite et dans l'exemple, et s'il est vrai de dire que les révolutions populaires sont nées de la corruption des classes supérieures qui, après s'être perverties, ont perverti les classes inférieures, l'on peut dire aussi que les révolutions domestiques ont pour origine la corruption des serviteurs par le maître dépravé.

Un écrivain célèbre, P. Féval, dit dans une de ses premières œuvres : « Quand je réfléchis à la démoralisation croissante de cette classe qui remplit nos logis de larrons, d'ennemis et de calomniateurs, je ne puis m'empêcher de penser que pour faire ce peuple de détestables valets, il a fallu tout un peuple de mauvais maîtres. »

A trente ans de distance, et bien avant sa conversion, P. Féval parlait donc des domestiques, et M. Léon Harmel parlait des ouvriers au Congrès de Nantes. Tous deux, pour indiquer la cause et le remède de la plaie sociale qu'ils signalaient, ont nommé — l'un *le patron*, — l'autre *le maître.*

« La principale cause de la dépravation des domestiques, dit M. Bonniceau-Gesmon (1), c'est la dépravation de leurs maîtres. » Rien n'est plus vrai que ce proverbe trivial : « Tel maître, tel valet. » Le domestique est, comme l'enfant, essentiellement imitateur, et rarement on trouvera un domestique vertueux chez un maître vicieux.

Du maître, quel qu'il soit, peu, beaucoup ou zéro,
Le valet fut toujours ou le singe, ou l'écho.

L'imitation du domestique est même toujours plus grossière et il ne manque jamais de traduire en actions les maximes qu'il entend, bien qu'elles ne soient pas pratiquées par ses maîtres. Il suffit que le domestique surprenne le secret de ce que pense son maître ou qu'il découvre en lui ce que dissimule le vernis de l'éducation pour qu'il rende sensible dans sa conduite tous les défauts qu'il observe. Rous-

(1) *Domestiques et Maîtres.* Cet ouvrage traite admirablement toute cette question, et l'on ne s'étonnera pas que j'y aie puisé de nombreux renseignements.

seau disait qu'il jugeait à Paris, des mœurs des femmes de sa connaissance par l'air et le ton de leurs femmes de chambre et que jamais cette règle ne le trompait. C'est qu'en effet l'exemple du maître est toujours plus fort que son autorité et ses préceptes et rien n'égale surtout son absurde contradiction, lorsqu'il s'obstine à vouloir corriger par de vaines remontrances, ceux qui le méprisent (1).

---

(1) Ce ne sont pas, d'ailleurs, les familiarités des maîtres qui peuvent les déconsidérer le plus ; ce qui rend un domestique insolent, c'est moins de servir un homme faible qu'un maître vicieux, car rien ne lui donne autant d'audace que la connaissance de ses vices, et tous ceux qu'il découvre en lui sont autant de dispenses d'obéir à un homme qu'il a cessé de respecter ! La conduite des maîtres n'en est que plus digne de remarque : les uns, sachant bien que leurs discours sont démentis par leur exemple et, ne pouvant se dissimuler qu'ils sont méprisés, s'épuisent en violences et en reproches inutiles, criant et menaçant toujours de faire maison nette ; les autres, quand ils sont même haïs de leurs gens, s'en croient être bien servis parce qu'ils se contentent des apparences et ne veulent pas voir les maux secrets dont ils souffrent constamment. Ceux-ci, plus faciles encore à se faire illusion, ne s'aperçoivent pas du ridicule et renouvellent, à tout propos, en présence de leurs domestiques, d'un ton solennel et grave comme ils le feraient à des enfants, des leçons indirectes si grossièrement apprêtées, que ceux qui les entendent ne peuvent que s'en moquer, et qu'elles sont en flagrante opposition avec la conduite de ceux qui les débitent avec emphase ! Presque tous laissent voir de ces traits qui en disent plus que les paroles, parce qu'ils brûlent les yeux de chacun !

Est-il donc étonnant alors qu'au contact de la corruption des maîtres les domestiques se pervertissent à leur tour et qu'au lieu de conserver leurs sentiments de probité, quand ils en avaient en entrant à leur service, ils imitent, au contraire, tous les travers et les défauts de leurs maîtres; qu'ils trompent des maîtres que chaque jour ils voient tromper, qu'ils mentent à ceux qu'ils voient mentir, qu'ils volent ceux que de toutes façons ils voient voler et qui parfois en font les instruments ou les complices de leurs méfaits. C'est donc d'exemple que le maître doit prêcher. Il a véritablement charge d'âmes et combien peu de maîtres comprennent cette haute mission de leur responsabilité? Combien au contraire, donnant à leurs domestiques l'exemple de tous les vices exigent pourtant d'eux toutes les vertus opposés aux défauts dont ils sont eux-mêmes atteints.

C'est surtout sous le rapport des mœurs que s'exerce cette influence corruptrice des maîtres sur leurs serviteurs, ainsi que l'atteste l'histoire de la domesticité. Le foyer domestique a été trop souvent, hélas, transformé en une école de corruption et que de faces multiples à cette corruption! « Rien de plus fréquent, dit Eugène Sue, que cette corruption plus ou moins imposée par le maître à la servante : ici, par la terreur ou par la surprise, là, par l'impérieuse nature des relations que crée la servitude. Cette dépravation par ordre, descendant du riche au pauvre, et méprisant, pour s'assouvir, l'inviolabilité tutélaire du foyer domestique; cette dépravation, toujours déplorable quand elle est acceptée volontairement, devient hideuse, horrible, lorsqu'elle est forcée (1). »

Et cette corruption a sa contre-partie, et n'est pas moindre de la part de la maîtresse vis-à-vis des serviteurs mâles! Que de turpitudes et d'ignominies de ce côté. Que de grandes dames n'a-t-on pas vues fières de remonter aux croisades par leurs ancêtres, et qui, sans respect pour le blason de ceux-ci, par caprice ou par goût pour la carrure de leurs valets ou même encore pour tromper les ennuis d'une existence blasée et toujours en quête d'émotions et sachant ajuster l'orgueil des allures les plus hautaines avec les instincts les plus vulgaires, n'ont pas craint de faire souche de princes ou de ducs en se livrant clandestinement à quelque don Juan d'antichambre ou d'écurie (2).

Et le contact, maintenant, de tous ces éléments impurs avec les enfants qui grandissent

---

(1) Ainsi parle Rodolphe, le principal héros des *Mystères de Paris.*

(2) Bonniceau-Gesmon.

et qui puisent à cette école du vice les plus déplorables exemples! — Comment voulez-vous que les serviteurs respectent les enfants alors que les maîtres leur auront, à eux, manqué de respect, au point de les corrompre? La servante ne rendra-t-elle pas au fils ce qu'elle a reçu du père, et la virginité de la jeune fille elle-même, échappera-t-elle à cette atmosphère de souillures qui l'environne? — Ce père de famille, banquier, toujours libéral pour ses plaisirs, pensait, à force d'or, avoir enseveli ses relations avec la caméristе de son épouse. Il n'a fait que préparer en elle la corruptrice de tous les enfants de la maison? Qu'est donc le gaspillage de l'*anse du panier*, dont les maîtres font l'objet de tant de doléances, auprès de ce vol, bien autrement grave, du bien le plus sacré de la famille, l'honneur et la pureté des enfants.

Quelles qualités êtes-vous en droit d'exiger d'un personnel qui a de semblables exemples sous les yeux, et le mépris du domestique par son maître est d'autant plus grave que les actions de celui-ci ne corrigent même pas ses discours. N'est-ce pas ici le cas de rappeler encore cette maxime du cardinal de Retz : « Quand ceux qui commandent ont perdu la honte, c'est justement le moment dans lequel ceux qui obéissent perdent le respect. »

Comment donc le respect, qui est la clef de voûte du toit domestique, aurait-il pu tenir à ce feu croisé d'éléments vicieux du boudoir à l'antichambre et réciproquement? Comment, en effet, une jeune servante, hésiterait-elle à se croire le droit de transporter dans son service, les privautés familières qui lui sont permises dans l'intimité? Comment hésiterait-elle à disposer à son gré de l'argent et des objets précieux plus ou moins tentants de son maître, quand elle règne en souveraine sur le cœur de celui-ci? Comment aurait-elle toujours pour l'épouse légitime le respect qui lui est dû, alors qu'elle pourrait traiter avec celle-ci d'égale à égale. Et comment, d'un autre côté, l'épouse légitime pourrait-elle reprocher à sa servante la légèreté ou le désordre de sa conduite, si elle l'a prise auparavant comme auxiliaire complaisante de ses propres infidélités? Ne s'exposerait-elle pas à s'entendre répéter, sans y pouvoir répondre, cette apostrophe véhémente de la Tisbe : « Et vous ne valez pas mieux que nous, mesdames! Nous vous prenons vos maris, vous, vous prenez des amants. Ah! fard, hypocrisie, trahison, vertus singées, fausses femmes que vous êtes! Non! pardieu, vous ne nous valez pas! Nous ne trompons personne, nous! Vous, vous trompez le monde, vous trompez vos familles, vous trompez vos maris, vous tromperiez le bon Dieu, si vous pouviez! Oh! les vertueuses femmes qui passent voilées dans les rues! Elles vont à l'Église! Rangez-vous donc! Inclinez-vous donc! Prosternez-vous donc! Non! ne vous rangez pas, ne vous inclinez pas, ne vous prosternez pas; allez droit à elles, arrachez le voile, derrière le voile, il y a un masque; arrachez le masque, derrière le masque, il y a une bouche qui ment! (1) »

Il y a là, sans doute, une révolte véritable du serviteur; mais que l'on y prenne bien garde, l'instigateur est celui qui, le premier, en subit les tristes conséquences: le maître. Très souvent, je le veux, la crainte de se voir remercié de ses services, arrêtera de telles paroles sur les lèvres du domestique, mais il les prononcera au fond de son cœur, et le sourire qui de son rictus dédaigneux viendra contracter son visage, n'en sera pas moins éloquent. Le domestique jamais ne respectera le maître qui ne sait pas se respecter soi-même ni le respecter, et c'est ainsi que, du manque de respect, naissent les révolutions dans les familles.

Loin de moi la pensée de faire de cette idée une règle générale; mais il n'est pas de moraliste ou de penseur sérieux qui n'en reconnaisse la triste vérité dans la plupart des cas :

(1) Victor Hugo, *Angelo*, 2e journée, sc. v.

le manque de respect vient trop souvent d'en haut, qu'il s'agisse des parents ou qu'il s'agisse des maîtres !

Aussi, Monsieur, comme conclusion, vous me permettrez de prendre, en y changeant un seul mot, ce qui la modifie tout entière, il est vrai, la conclusion de votre article : « Dites donc pour être dans le vrai, pour parler sainement, pour que tous vous comprennent et vous louent, dites aux *supérieurs* que s'ils veulent attirer le respect, ils commencent par se respecter eux-mêmes, et qu'ils continuent en respectant ce qui doit être respecté. »

Moins exclusif que vous, je ferai la même recommandation aux inférieurs, mais en y mettant moins d'insistance que vous, car ils ne sont pas autant que les premiers, et pour diverses raisons, portés à oublier le respect qu'ils doivent aux autres.

Je dirai encore, dussé-je être accusé de socialisme, que l'ouvrier a droit au respect de son patron, le domestique au respect de son maître, l'enfant au respect de ses parents, le petit au respect du grand, le pauvre au respect du riche, et le faible au respect du plus fort.

Il est regrettable, Monsieur, que sous le fallacieux prétexte que « le journaliste a le droit de mettre dans son journal ce que bon lui semble » vous ayez cru pouvoir vous permettre une attaque aussi maladroite qu'irréfléchie. Le public, en effet, a cru et croira que vous avez l'assentiment de vos directeurs politiques — j'entends les chefs du parti monarchiste — et que c'est sous leur égide que vous attaquez ainsi la Religion dans ses ministres, en prétendant, d'ailleurs, que l'ouvrier n'est pas respectable. On se demandera si les députés conservateurs pensent comme vous, eux qui, pour être élus, ont l'appoint des voix catholiques, et qui ne croient pas se rabaisser — et avec raison — en saluant respectueusement l'ouvrier et le paysan dont ils sollicitent les votes. Et le public fera tomber toute la responsabilité d'un acte aussi inqualifiable, sur ceux qui passent pour les inspirateurs de votre journal, et sur la monarchie que vous semblez défendre.

Et vous aurez beau vous écrier : *Me, me adsum qui feci !* « C'est moi, c'est moi seul le coupable ! » On ne vous croira pas. Et à qui la faute ?

Pour moi, Monsieur, je n'ai fait qu'user de mon droit de réponse. Que voulez-vous ?

Cet animal est très méchant,
Quand on l'attaque il se défend.

Et si j'ai donné à ma défense la forme sous laquelle vous la recevrez, c'est que j'ai voulu en prendre pour moi seul toute la responsabilité. Je ne regrette qu'une chose : le temps m'a manqué pour la faire plus courte.

Ne croyez pas que j'aie eu l'intention d'y faire un vain étalage d'érudition, la chose eût été vraiment puérile. Si donc, les citations vous paraissent nombreuses, c'est que j'ai cru devoir appuyer mes assertions — selon vous erronées et damnables — sur les plus hautes autorités religieuses, philosophiques et économiques.

Daignez agréer, Monsieur le Marquis, l'assurance de mon respect,

P. FESCH.

Bonneleau, par Crèvecœur (Oise), 31 mars 1888.

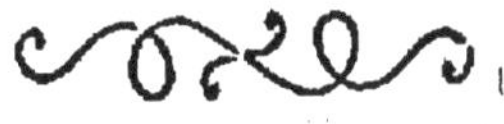

TABLE

Paris. — Imp. G. Picquoin, 51, rue de Lille.

www.ingramcontent.com/pod-product-compliance
Ingram Content Group UK Ltd.
Pitfield, Milton Keynes, MK11 3LW, UK
UKHW020329230726
13925UKWH00002B/704